Die Mauer

Französische Erzählungen

aus der klassischen Moderne

Die doppelte Bibliothek
Band 7

Die Mauer

Französische Erzählungen
aus der klassischen Moderne

Mit sieben Zeichnungen von Irene Neumann

Französisch und Deutsch

Stockmann Verlag

Herausgegeben von Friedrich Stockmann

Hinweise zu den deutschen Übersetzungen auf Seite 269

© 2004 Stockmann Verlag
A-2540 Bad Vöslau, Florastr. 27
www.stockmann-verlag.com
Umschlaggestaltung unter Verwendung von Francisco Goyas
„Die Erschießungen am 3. Mai 1808"
Druck: Grasl Druck & Neue Medien, Bad Vöslau
Printed in Austria
ISBN: 3-9501612-6-0

Table des Matières . Inhalt

Jean-Paul Sartre

Le Mur

Die Mauer

JEAN-PAUL SARTRE

LE MUR

On nous poussa dans une grande salle blanche et mes yeux se mirent à cligner parce que la lumière leur faisait mal. Ensuite je vis une table et quatre types derrière la table, des civils, qui regardaient des papiers. On avait massé les autres prisonniers dans le fond et il nous fallut traverser toute la pièce pour les rejoindre. Il y en avait plusieurs que je connaissais et d'autres qui devaient être étrangers. Les deux qui étaient devant moi étaient blonds avec des crânes ronds ; ils se ressemblaient : des Français, j'imagine. Le plus petit remontait tout le temps son pantalon : c'était nerveux.

Ça dura près de trois heures; j'étais abruti et j'avais la tête vide; mais la pièce était bien chauffée et je trouvais ça plutôt agréable : depuis vingt-quatre heures, nous n'avions pas cessé de grelotter. Les gardiens amenaient les prisonniers l'un après l'autre devant la table. Les quatre types leur demandaient alors leur nom et leur profession. La plupart du temps ils n'allaient pas plus loin — ou bien alors ils posaient une question par-ci, par-là : « As-tu pris part au sabotage des munitions ? » Ou bien : « Où étais-tu le matin du 9 et que faisais-tu ? » Ils n'écoutaient pas les réponses ou du moins ils n'en avaient pas l'air : ils se taisaient un moment et regardaient droit devant eux puis ils se mettaient à écrire. Ils demandèrent à Tom si c'était vrai qu'il servait dans la

JEAN-PAUL SARTRE

DIE MAUER

Man stieß uns in einen großen, weißen Saal, und ich musste die Augen zukneifen, weil das Licht zu grell war. Dann sah ich einen Tisch, und hinter dem Tisch vier Kerle in Zivil, die Papiere durchsahen. Die andern Gefangenen waren im Hintergrund aufgestellt, und wir mussten durch das ganze Zimmer, um sie zu erreichen. Mehrere waren mir bekannt, andere waren wohl Ausländer. Die zwei vor mir, blonde Rundköpfe, glichen einander, vielleicht Franzosen; der Kleinere zog vor Aufregung fortwährend seine Hose hoch.

Das dauerte fast drei Stunden; ich war benommen, mein Kopf war leer; aber das Zimmer war gut geheizt, und ich fühlte mich ganz wohl, denn vierundzwanzig Stunden lang hatten wir in der Kälte geschlottert. Die Wachen führten die Gefangenen einzeln an den Tisch. Die vier Kerle fragten nach Name und Beruf. Mehr fragten sie selten, oder sie stellten dann irgendeine Frage: „Warst du an der Munitionssabotage beteiligt?" Oder: „Wo warst du am Morgen des Neunten, und was hast du getrieben?" Sie hörten nicht auf die Antworten oder taten wenigstens so: sie schwiegen eine Sekunde, schauten gerade vor sich hin, dann schrieben sie in ihren Papieren. Sie fragten Tom, ob es stim-

Brigade internationale[*] : Tom ne pouvait pas dire le contraire à cause des papiers qu'on avait trouvés dans sa veste. À Juan ils ne demandèrent rien, mais, après qu'il eut dit son nom, ils écrivirent longtemps.

« C'est mon frère José qui est anarchiste, dit Juan. Vous savez bien qu'il n'est plus ici. Moi je ne suis d'aucun parti, je n'ai jamais fait de politique. »

Ils ne répondirent pas. Juan dit encore :

« Je n'ai rien fait. Je ne veux pas payer pour les autres. »

Ses lèvres tremblaient. Un gardien le fit taire et l'emmena. C'était mon tour :

« Vous vous appelez Pablo Ibbieta ? »

Je dis que oui.

Le type regarda ses papiers et me dit : « Où est Ramon Gris?

— Je ne sais pas.

— Vous l'avez caché dans votre maison du 6 au 19.

— Non. »

Ils écrivirent un moment et les gardiens me firent sortir. Dans le couloir Tom et Juan attendaient entre deux gardiens. Nous nous mîmes en marche. Tom demanda à un des gardiens:

« Et alors ?

— Quoi ? dit le gardien.

— C'est un interrogatoire ou un jugement ?

— C'était le jugement, dit le gardien.

— Eh bien ? Qu'est-ce qu'ils vont faire de nous ? » Le gardien répondit sèchement :

« On vous communiquera la sentence dans vos cellules. »

En fait, ce qui nous servait de cellule c'était une des

---

[*] **Brigade internationale:** Die Internationalen Brigaden wurden seit 1936 gebildet; sie unterstützten im spanischen Bürgerkrieg die Republikaner.

me, dass er in der Internationalen Brigade* gedient habe: Tom konnte es nicht bestreiten, wegen der Papiere, die man in seiner Jacke gefunden hatte. Juan fragten sie nichts, aber als er seinen Namen gesagt hatte, schrieben sie lange.

„Der Anarchist ist mein Bruder José", sagte Juan. „Sie wissen doch, dass er nicht mehr hier ist. Ich selbst gehöre zu keiner Partei, ich habe nie Politik getrieben."

Sie antworteten nicht. Juan sagte noch:

„Ich habe nichts getan. Ich will nicht für die anderen blechen."

Seine Lippen zitterten. Einer der Wärter befahl ihm zu schweigen und führte ihn ab. Jetzt war die Reihe an mir:

„Sie heißen Pablo Ibbieta?"

„Ja", sagte ich.

Der Kerl schaute in seinen Papieren nach, dann fragte er: „Wo ist Ramon Gris?"

„Ich weiß nicht."

„Sie haben ihn vom 6. bis zum 19. in Ihrem Haus versteckt."

„Nein."

Sie schrieben kurz, dann führten mich die Wachen ab. Im Gang warteten Tom und Juan zwischen zwei Wärtern. Wir setzten uns in Bewegung. Tom fragte den einen:

„Und jetzt?"

„Was?" fragte die Wache.

„War es eine Untersuchung oder ein Urteil?"

„Es war das Urteil", sagte die Wache.

„Und? Was werden sie mit uns machen?" Die Wache antwortete trocken:

„Man wird euch das Urteil in euren Zellen bekannt geben."

Was sie Zellen nannten, war einer der Kellerräume des

caves de l'hôpital. Il y faisait terriblement froid à cause des courants d'air. Toute la nuit nous avions grelotté et pendant la journée ça n'avait guère mieux été. Les cinq jours précédents je les avais passés dans un cachot de l'archevêché, une espèce d'oubliette qui devait dater du moyen âge : comme il y avait beaucoup de prisonniers et peu de place, on les casait n'importe où. Je ne regrettais pas mon cachot : je n'y avais pas souffert du froid mais j'y étais seul; à la longue c'est irritant. Dans la cave j'avais de la compagnie. Juan ne parlait guère : il avait peur et puis il était trop jeune pour avoir son mot à dire. Mais Tom était beau parleur et il savait très bien l'espagnol.

Dans la cave il y avait un banc et quatre paillasses. Quand ils nous eurent ramenés, nous nous assîmes et nous attendîmes en silence. Tom dit, au bout d'un moment :

« Nous sommes foutus.

— Je le pense aussi, dis-je, mais je crois qu'ils ne feront rien au petit.

— Ils n'ont rien à lui reprocher, dit Tom. C'est le frère d'un militant, voilà tout. »

Je regardai Juan : il n'avait pas l'air d'entendre. Tom reprit :

« Tu sais ce qu'ils font à Saragosse ? Ils couchent les types sur la route et ils leur passent dessus avec des camions. C'est un Marocain déserteur qui nous l'a dit. Ils disent que c'est pour économiser les munitions.

— Ça n'économise pas l'essence », dis-je.

J'étais irrité contre Tom : il n'aurait pas dû dire ça.

« Il y a des officiers qui se promènent sur la route, poursuivit-il, et qui surveillent ça, les mains dans les poches, en

Spitals. Es war scheußlich kalt, es zog von allen Seiten. Die ganze Nacht hatten wir gefroren, und tagsüber war es kaum besser. Die letzten fünf Tage hatte ich in einem Kerker des erzbischöflichen Palais verbracht, in einer Art Verlies, das aus dem Mittelalter stammen mochte; da es mehr Gefangene als Platz gab, stopfte man sie irgendwo hinein. Ich trauerte meinem Verlies nicht nach; ich hatte darin zwar nicht unter der Kälte gelitten, war aber allein gewesen; auf die Dauer geht einem das auf die Nerven. Hier im Keller dagegen hatte ich Gesellschaft. Juan redete zwar kaum; er hatte Angst; er war auch zu jung, um mitzureden. Aber Tom war gesprächig und konnte sehr gut Spanisch.

Im Keller gab es eine Bank und vier Strohsäcke. Als sie uns zurückgeführt hatten, setzten wir uns und warteten schweigend. Nach einer Weile sagte Tom:

„Mit uns ist es aus."

„Kommt mir auch so vor", sagte ich, „aber ich glaube, dem Kleinen da werden sie nichts tun."

„Sie können ihm nichts vorwerfen", sagte Tom. „Er ist der Bruder eines Mitkämpfers, das ist alles."

Ich schaute auf Juan; er schien nicht zuzuhören. Tom fuhr fort:

„Weißt du, was sie in Saragossa machen? Sie legen die Burschen auf die Straße und überfahren sie mit Lastwagen. Ein desertierter Marokkaner hat's uns erzählt. Sie sagen, das spart Munition."

„Aber Benzin sparen sie nicht", sagte ich.

Ich ärgerte mich über Tom; er hätte das nicht erzählen sollen.

„Dabei spazieren die Offiziere auf der Straße", setzte er fort, „und überwachen es, die Hände in den Taschen, und

fumant des cigarettes. Tu crois qu'ils achèveraient les types ?
Je t'en fous. Ils les laissent gueuler. Des fois pendant une
heure. Le Marocain disait que, la première fois, il a manqué
dégueuler.

— Je ne crois pas qu'ils fassent ça ici, dis-je. À moins
qu'ils ne manquent vraiment de munitions. »

Le jour entrait par quatre soupiraux et par une ouverture
ronde qu'on avait pratiquée au plafond, sur la gauche, et qui
donnait sur le ciel. C'est par ce trou rond, ordinairement
fermé par une trappe, qu'on déchargeait le charbon dans la
cave. Juste au-dessous du trou il y avait un gros tas de poussier; il avait été destiné à chauffer l'hôpital mais, dès le
début de la guerre, on avait évacué les malades et le charbon
restait là, inutilisé; il pleuvait même dessus, à l'occasion,
parce qu'on avait oublié de baisser la trappe.

Tom se mit à grelotter :

« Sacré nom de Dieu, je grelotte, dit-il, voilà que ça
recommence. »

Il se leva et se mit à faire de la gymnastique. À chaque
mouvement sa chemise s'ouvrait sur sa poitrine blanche et
velue. Il s'étendit sur le dos, leva les jambes en l'air et fit les
ciseaux : je voyais trembler sa grosse croupe. Tom était
costaud mais il avait trop de graisse. Je pensais que des
balles de fusil ou des pointes de baïonnettes allaient bientôt
s'enfoncer dans cette masse de chair tendre comme dans
une motte de beurre. Ça ne me faisait pas le même effet que
s'il avait été maigre.

Je n'avais pas exactement froid, mais je ne sentais plus
mes épaules ni mes bras. De temps en temps, j'avais l'im-

rauchen Zigaretten. Glaubst du, dass sie diesen Leuten den Rest geben? Weit gefehlt! Sie lassen sie schreien. Manchmal noch eine Stunde lang. Der Marokkaner sagte, das erstemal hat er fast kotzen müssen."

„Ich glaube nicht, dass sie es hier auch tun", sagte ich. „Vielleicht nur, wenn sie wirklich zu wenig Munition haben."

Der Tag drang durch vier Kellerluken herein und durch eine runde Öffnung, die man an der Decke links aufgerissen hatte und durch die der Himmel sichtbar war. Durch dieses runde Loch, das gewöhnlich durch eine Falltür verschlossen war, wurden die Kohlen in den Keller geschüttet. Genau unter dem Loch lag noch ein großer Haufen Kohlestaub, dazu bestimmt, das Spital zu heizen, aber seit Kriegsbeginn hatte man die Kranken evakuiert, und die Kohle blieb unbenützt da. Es regnete sogar gelegentlich darauf, weil man vergessen hatte, die Falltür zu schließen.

Tom begann vor Kälte zu zittern.

„Verdammt nochmal, jetzt fängt das Zittern wieder an!" sagte er.

Er stand auf und begann Turnübungen zu machen. Bei jeder Bewegung öffnete sich das Hemd über seiner weißen, behaarten Brust. Er legte sich auf den Rücken, streckte die Beine in die Luft und machte die Schere, und ich sah, wie sein fettes Kreuz zitterte. Tom war stämmig, aber zu dick. Ich stellte mir vor, wie die Kugeln oder die Bajonette bald in diese Masse von weichem Fleisch wie in einen Butterklumpen eindringen würden. Es hätte mir nicht denselben Eindruck gemacht, wenn er mager gewesen wäre.

Mir war eigentlich nicht kalt, aber ich fühlte meine Schultern und meine Arme nicht mehr. Von Zeit zu Zeit hatte ich

pression qu'il me manquait quelque chose et je commençais à chercher ma veste autour de moi et puis je me rappelais brusquement qu'ils ne m'avaient pas donné de veste. C'était plutôt pénible. Ils avaient pris nos vêtements pour les donner à leurs soldats et ils ne nous avaient laissé que nos chemises — et ces pantalons de toile que les malades hospitalisés portaient au gros de l'été. Au bout d'un moment Tom se releva et s'assit près de moi en soufflant.

« Tu es réchauffé ?

— Sacré nom de Dieu, non. Mais je suis essoufflé. »

Vers huit heures du soir un commandant entra avec deux phalangistes*. Il avait une feuille de papier à la main. Il demanda au gardien :

« Comment s'appellent-ils, ces trois-là ?

— Steinbock, Ibbieta et Mirbal », dit le gardien.

Le commandant mit ses lorgnons et regarda sa liste :

« Steinbock... Steinbock... Voilà. Vous êtes condamné à mort. Vous serez fusillé demain matin. »

Il regarda encore :

« Les deux autres aussi, dit-il.

— C'est pas possible, dit Juan. Pas moi. » Le commandant le regarda d'un air étonné : « Comment vous appelez-vous ?

— Juan Mirbal, dit-il.

— Eh bien, votre nom est là, dit le commandant, vous êtes condamné.

— J'ai rien fait », dit Juan.

Le commandant haussa les épaules et se tourna vers Tom et vers moi.

« Vous êtes basques ?

---

* **phalangistes:** Die Falange war die faschistische Partei Spaniens unter der Führung des Generals Franco.

den Eindruck, es fehle mir etwas, ich suchte meine Jacke, bis ich mich plötzlich erinnerte, dass sie mir gar keine gegeben hatten. Das war recht unerfreulich. Sie hatten uns die Kleider weggenommen, um sie ihren Soldaten zu geben, und hatten uns nur unsere Hemden gelassen – und dazu Leinenhosen, die die Krankenhauspatienten im Hochsommer trugen. Nach einer Weile stand Tom wieder auf und setzte sich keuchend neben mich.

„Ist dir warm geworden?"

„Verdammt, nein. Aber ich bin außer Atem."

Gegen acht Uhr Abend trat ein Kommandant mit zwei Falangisten* ein. Er hatte ein Blatt Papier in der Hand und fragte den Wachposten:

„Wie heißen die drei?"

„Steinbock, Ibbieta und Mirbal", sagte die Wache.

Der Kommandant setzte die Brille auf und schaute in seine Liste:

„Steinbock... Steinbock... Hier. Sie sind zum Tod verurteilt. Morgen früh werden Sie erschossen."

Er schaute weiter nach.

„Die beiden andern auch", sagte er.

„Aber das ist nicht möglich", sagte Juan. „Ich nicht!" Der Kommandant betrachtete ihn verwundert: „Wie heißen Sie?"

„Juan Mirbal", sagte er.

„Was soll's, Ihr Name steht hier", sagte der Kommandant. „Sie sind verurteilt."

„Ich hab nichts getan", rief Juan.

Der Kommandant zuckte die Achseln und wandte sich an Tom und mich:

„Sie sind Basken?"

— Personne n'est basque. »

Il eut l'air agacé.

« On m'a dit qu'il y avait trois Basques. Je ne vais pas perdre mon temps à leur courir après. Alors naturellement vous ne voulez pas de prêtre ? »

Nous ne répondîmes même pas. Il dit :

« Un médecin belge viendra tout à l'heure. Il a l'autorisation de passer la nuit avec vous. »

Il fit le salut militaire et sortit.

« Qu'est-ce que je te disais, dit Tom. On est bons.

— Oui, dis-je, c'est vache pour le petit. »

Je disais ça pour être juste mais je n'aimais pas le petit. Il avait un visage trop fin et la peur, la souffrance l'avaient défiguré, elles avaient tordu tous ses traits. Trois jours auparavant c'était un môme dans le genre mièvre, ça peut plaire ; mais maintenant il avait l'air d'une vieille tapette et je pensais qu'il ne redeviendrait plus jamais jeune, même si on le relâchait. Ça n'aurait pas été mauvais d'avoir un peu de pitié à lui offrir mais la pitié me dégoûte, il me faisait plutôt horreur. Il n'avait plus rien dit mais il était devenu gris : son visage et ses mains étaient gris. Il se rassit et regarda le sol avec des yeux ronds. Tom était une bonne âme, il voulut lui prendre le bras, mais le petit se dégagea violemment en faisant une grimace.

« Laisse-le, dis-je à voix basse, tu vois bien qu'il va se mettre à chialer. »

Tom obéit à regret ; il aurait aimé consoler le petit ; ça l'aurait occupé et il n'aurait pas été tenté de penser à lui-même. Mais ça m'agaçait : je n'avais jamais pensé à la mort parce que l'occasion ne s'en était pas présentée, mais main-

„Keiner von uns ist Baske."

Er sah gereizt aus.

„Man hat mir gesagt, hier seien drei Basken. Ich werde doch meine Zeit nicht verlieren und ihnen nachlaufen. Natürlich wollt ihr keinen Priester?"

Wir antworteten nicht einmal. Er sagte:

„Ein belgischer Arzt wird gleich kommen. Er hat die Erlaubnis, die Nacht mit euch zu verbringen."

Er grüßte militärisch und ging.

„Hab ich es dir nicht gesagt?" sagte Tom. „Erledigt."

„Ja", sagte ich, „gemein für den Kleinen."

Ich sagte das, um gerecht zu sein, aber eigentlich mochte ich den Kleinen nicht. Sein Gesicht war zu weich, und die Angst, das Leiden hatten es entstellt, alle seine Züge waren verzerrt. Drei Tage früher war er noch ein ganz gefälliger, netter Junge von der gezierten Art; jetzt sah er wie ein alter Strichjunge aus; und ich dachte, nie würde der wieder jung werden, selbst wenn sie ihn laufen ließen. Es wäre nicht schlecht gewesen, wenn ich ein bisschen Mitleid mit ihm gehabt hätte, aber Mitleid ekelt mich an, ich fühlte eher Abscheu vor ihm. Er hatte kein Wort mehr gesagt, er war grau geworden: Gesicht und Hände waren grau. Er setzte sich wieder und starrte den Boden mit Fischaugen an. Tom war ein guter Kerl; er wollte seinen Arm nehmen, aber der Kleine machte sich heftig los und schnitt ein Gesicht.

„Lass ihn", sagte ich leise, „du siehst doch, dass er gleich heulen wird."

Tom gehorchte widerwillig; er hätte den Kleinen gern getröstet; das hätte ihn beschäftigt und ihn vom Nachdenken über sich selber befreit. Gerade das aber reizte mich: ich hatte über den Tod nie nachgedacht, weil sich keine

tenant l'occasion était là et il n'y avait pas autre chose à
faire que de penser à ça.

Tom se mit à parler :

« Tu as bousillé des types, toi ? » me demanda-t-il.

Je ne répondis pas. Il commença à m'expliquer qu'il en
avait bousillé six depuis le début du mois d'août; il ne se
rendait pas compte de la situation et je voyais bien qu'il ne
voulait pas s'en rendre compte. Moi-même je ne réalisais
pas encore tout à fait, je me demandais si on souffrait beaucoup, je pensais aux balles, j'imaginais leur grêle brûlante à
travers mon corps. Tout ça c'était en dehors de la véritable
question; mais j'étais tranquille : nous avions toute la nuit
pour comprendre. Au bout d'un moment Tom cessa de parler et je le regardai du coin de l'œil; je vis qu'il était devenu gris, lui aussi, et qu'il avait l'air misérable; je me dis :
« Ça commence. » Il faisait presque nuit, une lueur terne fil-
trait à travers les soupiraux et le tas de charbon faisait une
grosse tache sous le ciel; par le trou du plafond je voyais
déjà une étoile : la nuit serait pure et glacée.

La porte s'ouvrit et deux gardiens entrèrent. Ils étaient
suivis d'un homme blond qui portait un uniforme beige. Il
nous salua :

« Je suis médecin, dit-il. J'ai l'autorisation de vous assister en ces pénibles circonstances. »

Il avait une voix agréable et distinguée. Je lui dis :

« Qu'est-ce que vous venez faire ici ?

— Je me mets à votre disposition. Je ferai tout mon possible pour que ces quelques heures vous soient moins
lourdes.

Gelegenheit dazu ergeben hatte. Doch jetzt war die Gelegenheit da, unbedingt musste daran gedacht werden und sonst an nichts.

Tom fing an zu reden:

„Hast du schon welche umgebracht?" fragte er mich.

Ich antwortete nicht. Er begann mir zu erzählen, dass er seit Anfang August sechs umgebracht hätte; er gab sich über seine Lage keine Rechenschaft, und ich sah sehr gut, dass er sich gar keine Rechenschaft geben *wollte*. Auch ich begriff die Sache noch nicht ganz; ich fragte mich, ob es sehr schmerzhaft sein würde, ich dachte an die Kugeln, stellte mir vor, wie ihr brennender Hagel durch meinen Körper flitzen würde. Das war außerhalb der eigentlichen Frage; aber ich war ruhig: wir hatten ja die ganze Nacht vor uns, um zu begreifen. Nach einer Weile hörte Tom zu reden auf, und ich schaute ihn von der Seite an; ich sah, dass auch er grau geworden war und ganz erbärmlich aussah. Ich sagte mir: „Jetzt fängt es an!" Es war fast Nacht, durch die Luftlöcher drang ein matter Schein, der Kohlenhaufen war ein dunkler Fleck gegen den Himmel; durch das Loch an der Decke sah ich schon einen Stern: es würde eine reine, eisige Nacht sein.

Die Tür ging auf, zwei Wächter traten ein. Ihnen folgte ein blonder Mann in hellbrauner Uniform. Er grüßte uns:

„Ich bin Arzt", sagte er. „Ich habe Erlaubnis, Ihnen in dieser traurigen Lage beizustehen."

Er hatte angenehme, feine Stimme.

„Was wollen Sie hier machen?" fragte ich.

„Ich stelle mich zu Ihrer Verfügung. Ich werde mein Möglichstes tun, damit Ihnen diese paar Stunden weniger schwer fallen."

— Pourquoi êtes-vous venu chez nous ? Il y a d'autres types, l'hôpital en est plein.

— On m'a envoyé ici », répondit-il d'un air vague. « Ah! vous aimeriez fumer, hein? ajouta-t-il précipitamment. J'ai des cigarettes et même des cigares. »

Il nous offrit des cigarettes anglaises et des puros, mais nous refusâmes. Je le regardai dans les yeux et il parut gêné. Je lui dis :

« Vous ne venez pas ici par compassion. D'ailleurs je vous connais. Je vous ai vu avec des fascistes dans la cour de la caserne, le jour où on m'a arrêté. »

J'allais continuer, mais tout d'un coup il m'arriva quelque chose qui me surprit : la présence de ce médecin cessa brusquement de m'intéresser. D'ordinaire quand je suis sur un homme, je ne le lâche pas. Et pourtant l'envie de parler me quitta; je haussai les épaules et je détournai les yeux. Un peu plus tard, je levai la tête : il m'observait d'un air curieux. Les gardiens s'étaient assis sur une paillasse. Pedro, le grand maigre, se tournait les pouces, l'autre agitait de temps en temps la tête pour s'empêcher de dormir.

« Voulez-vous de la lumière ? » dit soudain Pedro au médecin. L'autre fit « oui » de la tête : je pense qu'il avait à peu près autant d'intelligence qu'une bûche, mais sans doute n'était-il pas méchant. À regarder ses gros yeux bleus et froids, il me sembla qu'il péchait surtout par défaut d'imagination. Pedro sortit et revint avec une lampe à pétrole qu'il posa sur le coin du banc. Elle éclairait mal, mais c'était mieux que rien : la veille on nous avait laissés dans le noir. Je regardai un bon moment le rond de lumière que la

„Warum sind Sie gerade zu uns gekommen? Es gibt noch andere, das Spital ist voll."

„Ich bin hierher geschickt worden", antwortete er unbestimmt. „Oh, Sie möchten sicher rauchen?" fügte er hastig hinzu. „Ich habe Zigaretten und sogar Zigarren."

Er bot uns englische Zigaretten und Havannas an, aber wir lehnten ab. Ich schaute ihm in die Augen, er wurde verlegen.

„Sie kommen nicht aus Mitleid hierher", sagte ich. „Übrigens kenne ich Sie. Ich habe Sie mit Faschisten im Kasernenhof gesehen, am Tag meiner Verhaftung."

Ich wollte weiterreden, aber plötzlich überraschte mich etwas: die Anwesenheit dieses Arztes interessierte mich überhaupt nicht mehr. Gewöhnlich lasse ich einen Mann nicht gleich los, wenn ich auf ihn gestoßen bin. Doch jetzt hatte ich plötzlich keine Lust mehr, zu reden; ich zuckte die Achseln und wandte den Blick ab. Etwas später hob ich den Kopf. Er beobachtete mich neugierig. Die Wächter hatten sich auf einen Strohsack gesetzt. Pedro, der große Hagere, drehte die Daumen; der andere zuckte manchmal mit dem Kopf, um nicht einzuschlafen.

„Wünschen Sie Licht?" fragte Pedro plötzlich den Arzt. Dieser nickte bejahend. Ich glaube, er war so intelligent wie ein Holzscheit, aber zweifellos war er nicht bösartig. Wenn ich mir seine runden, blauen, kalten Augen ansah, kam es mir vor, als mangle ihm hauptsächlich die Einfühlungsgabe. Pedro ging hinaus und kam mit einer Petroleumlampe zurück, die er auf das Ende der Bank stellte. Sie gab ein schwaches Licht, aber es war besser als nichts. In der vorigen Nacht hatte man uns völlig im Dunkeln sitzen lassen. Ich schaute ziemlich lang auf den runden Kreis, den die Lampe

lampe faisait au plafond. J'étais fasciné. Et puis, brusquement, je me réveillai, le rond de lumière s'effaça et je me
sentis écrasé sous un poids énorme. Ce n'était pas la pensée
de la mort, ni la crainte : c'était anonyme. Les pommettes
me brûlaient et j'avais mal au crâne.

Je me secouai et regardai mes deux compagnons. Tom
avait enfoui sa tête dans ses mains, je ne voyais que sa
nuque grasse et blanche. Le petit Juan était de beaucoup le
plus mal en point, il avait la bouche ouverte et ses narines
tremblaient. Le médecin s'approcha de lui et lui posa la
main sur l'épaule comme pour le réconforter : mais ses yeux
restaient froids. Puis je vis la main du Belge descendre sour-
noisement le long du bras de Juan jusqu'au poignet. Juan se
laissait faire avec indifférence. Le Belge lui prit le poignet
entre trois doigts, avec un air distrait, en même temps il
recula un peu et s'arrangea pour me tourner le dos. Mais je
me penchai en arrière et je le vis tirer sa montre et la con-
sulter un instant sans lâcher le poignet du petit. Au bout d'un
moment il laissa retomber la main inerte et alla s'adosser au
mur, puis, comme s'il se rappelait soudain quelque chose de
très important qu'il fallait noter sur-le-champ, il prit un car-
net dans sa poche et y inscrivit quelques lignes. « Le salaud,
pensai-je avec colère, qu'il ne vienne pas me tâter le pouls,
je lui enverrai mon poing dans sa sale gueule. »

Il ne vint pas mais je sentis qu'il me regardait. Je levai la
tête et lui rendis son regard. Il me dit d'une voix imperson-
nelle :

« Vous ne trouvez pas qu'on grelotte ici ? »

Il avait l'air d'avoir froid; il était violet.

auf die Decke warf. Das faszinierte mich. Plötzlich erwachte ich wieder, der Lichtkreis verlor seine Kraft, und ich fühlte mich unter dem Druck einer ungeheuren Last. Es war nicht der Gedanke an den Tod, auch nicht Furcht: es war namenlos. Meine Wangen brannten, mein Schädel schmerzte.

Ich schüttelte mich und schaute auf meine Kameraden. Tom hatte den Kopf in die Hände vergraben, ich sah nur seinen weißen, fetten Nacken. Der kleine Juan war entschieden am übelsten dran; sein Mund stand offen und seine Nasenflügel zitterten. Der Arzt trat auf ihn zu und legte ihm die Hand auf die Schulter, als wolle er ihn trösten; doch seine Augen blieben kalt. Dann sah ich die Hand des Belgiers heimlich den Arm des Kleinen entlang gleiten und seinen Puls befühlen. Juan ließ das gleichgültig geschehen. Der Belgier nahm seinen Puls zwischen drei Finger, mit zerstreuter Miene, gleichzeitig trat er etwas zurück und kehrte mir den Rücken. Doch ich lehnte mich zurück und sah, wie er die Uhr zog und darauf schaute, ohne das Handgelenk des Kleinen loszulassen. Nach einer Weile ließ er die leblose Hand fallen und ging zur Wand, an die er den Rücken lehnte; dann, als erinnere er sich plötzlich einer wichtigen Sache, die er sofort eintragen müsse, zog er sein Notizbuch aus der Tasche und kritzelte einige Zeilen hinein. „Das Aas", dachte ich zornig, „dass er nur nicht kommt und auch mir den Puls befühlen will. Ich hau ihm die Faust in die Fresse."

Er kam nicht, aber ich fühlte, dass er mich beobachtete. Ich hob den Kopf und erwiderte seinen Blick. Er sagte mit unpersönlicher Stimme:

„Finden Sie nicht, dass man hier friert?"

Ihm schien sehr kalt zu sein; er war ganz violett.

« Je n'ai pas froid », lui répondis-je.

Il ne cessait pas de me regarder, d'un œil dur. Brusquement je compris et je portai mes mains à ma figure : j'étais trempé de sueur. Dans cette cave, au gros de l'hiver, en plein courant d'air, je suais. Je passai les doigts dans mes cheveux qui étaient feutrés par la transpiration; en même temps je m'aperçus que ma chemise était humide et collait à ma peau : je ruisselais depuis une heure au moins et je n'avais rien senti. Mais ça n'avait pas échappé au cochon de Belge; il avait vu les gouttes rouler sur mes joues et il avait pensé : c'est la manifestation d'un état de terreur quasi pathologique; et il s'était senti normal et fier de l'être parce qu'il avait froid. Je voulus me lever pour aller lui casser la figure mais à peine avais-je ébauché un geste que ma honte et ma colère furent effacées; je retombai sur le banc avec indifférence.

Je me contentai de me frictionner le cou avec mon mouchoir parce que, maintenant, je sentais la sueur qui gouttait de mes cheveux sur ma nuque et c'était désagréable. Je renonçai d'ailleurs bientôt à me frictionner, c'était inutile : déjà mon mouchoir était bon à tordre et je suais toujours. Je suais aussi des fesses et mon pantalon humide adhérait au banc.

Le petit Juan parla tout à coup.

« Vous êtes médecin ?

— Oui, dit le Belge.

— Est-ce qu'on souffre... longtemps ?

— Oh! Quand... ? Mais non, dit le Belge d'une voix

„Mir ist nicht kalt", erwiderte ich.

Er hörte nicht auf, mich mit seinem harten Blick zu betrachten. Plötzlich begriff ich und fuhr mir mit beiden Händen übers Gesicht: es war in Schweiß getaucht. In diesem Keller, mitten im Winter, in vollem Luftzug, schwitzte ich. Ich strich mit den Fingern durch die Haare, die vom Schweiß verfilzt waren. Zugleich bemerkte ich, dass mein Hemd feucht war und an der Haut klebte: seit mindestens einer Stunde schwitzte ich Bäche und hatte es nicht gespürt. Das war aber dem belgischen Schwein nicht entgangen; er hatte die Tropfen über mein Gesicht heruntergelaufen gesehen und hatte gedacht: das sind die Symptome eines quasi pathologischen Entsetzens. Und dabei hatte er sich selber normal gefühlt und war stolz darauf, dass ihn fror. Ich wollte aufstehen, um ihm das Gesicht zu zerschlagen, aber kaum hatte ich mich bewegt, da waren Scham und Zorn schon verschwunden. Gleichgültig ließ ich mich auf die Bank zurückfallen.

Ich begnügte mich damit, mir den Hals mit meinem Taschentuch abzureiben, weil ich jetzt den Schweiß fühlte, der mir aus den Haaren auf den Nacken tropfte, und das war unangenehm. Übrigens gab ich das Abwischen bald auf, denn es war nutzlos: schon konnte ich mein Taschentuch auswinden, und ich schwitzte noch immer. Auch an den Beinen schwitzte ich, meine feuchte Hose klebte an der Bank.

Auf einmal redete der kleine Juan:

„Sie sind Arzt?"

„Ja", sagte der Belgier.

„Muss man lange... leiden?"

„Ach so, wenn... Nein, nein", sagte der Belgier in väterli-

paternelle, c'est vite fini. »

Il avait l'air de rassurer un malade payant. « Mais je... on m'avait dit... qu'il fallait souvent deux salves.

— Quelquefois, dit le Belge en hochant la tête. Il peut se faire que la première salve n'atteigne aucun des organes vitaux.

— Alors il faut qu'ils rechargent les fusils et qu'ils visent de nouveau ? »

Il réfléchit et ajouta d'une voix enrouée :

« Ça prend du temps ! »

Il avait une peur affreuse de souffrir, il ne pensait qu'à ça : c'était de son âge. Moi je n'y pensais plus beaucoup et ce n'était pas la crainte de souffrir qui me faisait transpirer.

Je me levai et je marchai jusqu'au tas de poussier. Tom sursauta et me jeta un regard haineux : je l'agaçais parce que mes souliers craquaient. Je me demandais si j'avais le visage aussi terreux que lui : je vis qu'il suait aussi. Le ciel était superbe, aucune lumière ne se glissait dans ce coin sombre et je n'avais qu'à lever la tête pour apercevoir la grande Ourse. Mais ça n'était plus comme auparavant : l'avant-veille, de mon cachot de l'archevêché, je pouvais voir un grand morceau de ciel et chaque heure du jour me rappelait un souvenir différent. Le matin, quand le ciel était d'un bleu dur et léger, je pensais à des plages au bord de l'Atlantique; à midi je voyais le soleil et je me rappelais un bar de Séville où je buvais du manzanilla* en mangeant des anchois et des olives; l'après-midi j'étais à l'ombre et je pensais à l'ombre profonde qui s'étend sur la moitié des arènes pendant que

* **manzanilla:** andalusischer, nach Kamillen duftender Dessertwein.

chem Ton, „das ist schnell vorbei."

Es war, als beruhige er einen zahlenden Patienten. „Aber ich... man hatte mir gesagt... manchmal braucht man zwei Salven."

„Ja, manchmal", nickte der Belgier. „Es kann vorkommen, dass die erste Salve keines der lebenswichtigen Organe trifft."

„Und da müssen sie wieder laden und von neuem zielen?"

Er dachte nach und sagte mit heiserer Stimme: „Das braucht aber Zeit!"

Er hatte eine entsetzliche Angst vor Schmerzen, er dachte nur an das: vielleicht weil er jung war. Ich dachte nicht viel darüber nach, und es war nicht die Angst vor den Schmerzen, die mich schwitzen ließ.

Ich stand auf und ging zum Kohlenhaufen. Tom fuhr auf und warf mir einen hasserfüllten Blick zu. Ich ging ihm auf die Nerven, weil meine Schuhe knarrten. Ich fragte mich, ob auch mein Gesicht so fahl war wie seines; ich sah, dass auch er schwitzte. Der Himmel war prachtvoll, kein Licht glitt bis in diesen dunklen Winkel, aber ich brauchte nur den Kopf zu heben, um den Großen Bären zu sehen. Doch es war nicht mehr so wie zuvor. In der vorgestrigen Nacht noch hatte ich von meinem erzbischöflichen Verlies aus ein großes Stück Himmel sehen können, und jede Tageszeit hatte mir eine verschiedene Erinnerung wachgerufen. Morgens, wenn der Himmel von einer harten, leichten Bläue war, dachte ich an die Strände am Atlantik; mittags sah ich die Sonne und erinnerte mich an eine Bar in Sevilla, wo ich Manzanilla* trank und Sardellen und Oliven aß; nachmittags war ich im Schatten und dachte an den tiefen Schatten, der sich über die eine Hälfte der Arena zieht, während die

l'autre moitié scintille au soleil : c'était vraiment pénible de voir ainsi toute la terre se reflèter dans le ciel. Mais à présent je pouvais regarder en l'air tant que je voulais, le ciel ne m'évoquait plus rien. J'aimais mieux ça. Je revins m'asseoir près de Tom. Un long moment passa.

Tom se mit à parler, d'une voix basse. Il fallait toujours qu'il parlât, sans ça il ne se reconnaissait pas bien dans ses pensées. Je pense que c'était à moi qu'il s'adressait mais il ne me regardait pas. Sans doute avait-il peur de me voir comme j'étais, gris et suant : nous étions pareils et pires que des miroirs l'un pour l'autre. Il regardait le Belge, le vivant.

« Tu comprends, toi ? disait-il. Moi, je comprends pas. »

Je me mis aussi à parler à voix basse. Je regardais le Belge.

« Quoi, qu'est-ce qu'il y a ?

— Il va nous arriver quelque chose que je ne peux pas comprendre. »

Il y avait une étrange odeur autour de Tom. Il me sembla que j'étais plus sensible aux odeurs qu'à l'ordinaire. Je ricanai :

« Tu comprendras tout à l'heure.

— Ça n'est pas clair, dit-il d'un air obstiné. Je veux bien avoir du courage, mais il faudrait au moins que je sache... Écoute, on va nous amener dans la cour. Bon. Les types vont se ranger devant nous. Combien seront-ils ?

— Je ne sais pas. Cinq ou huit. Pas plus.

— Ça va. Ils seront huit. On leur criera : „En joue“ et je verrai les huit fusils braqués sur moi. Je pense que je voudrai rentrer dans le mur, je pousserai le mur avec le dos de

andere in der Sonne glitzert. Es war schmerzlich, so die ganze Erde im Himmel gespiegelt zu sehen. Aber jetzt konnte ich in die Höhe schauen, solange ich wollte: der Himmel erinnerte mich an nichts mehr. Und das gefiel mir besser. Ich ging zurück und setzte mich wieder neben Tom. So verging eine lange Zeit.

Tom begann leise zu reden. Er musste immer reden, sonst kannte er sich in seinen Gedanken nicht aus. Ich vermute, dass er sich an mich wandte, aber er schaute mich dabei nicht an. Zweifellos hatte er Angst, mich so zu sehen, wie ich war, grau und schwitzend. Wir waren beide gleich und schlimmer als Spiegel füreinander. Er schaute auf den Belgier, den Lebenden.

„Verstehst du es?" sagte er. „Ich versteh es nicht."

Auch ich fing mit leiser Stimme an und betrachtete den Belgier:

„Wovon redest du?"

„Davon, dass jetzt etwas mit uns geschehen wird, was ich nicht verstehen kann."

Um Tom schwebte ein merkwürdiger Geruch. Es schien mir, dass ich mehr als sonst für Gerüche empfindlich war. Ich grinste:

„Das wirst du sehr bald verstehen."

„Klar ist es mir nicht", sagte er hartnäckig. „Ich will gern den Mut nicht verlieren, aber ich müsste wenigstens wissen... Hör mal, sie führen uns in den Hof, nicht wahr? Die Kerle stellen sich vor uns auf. Wie viele werden es sein?"

„Das weiß ich nicht. Fünf oder acht. Mehr nicht."

„Gut. Sagen wir, acht. Man wird sie anschreien: ‚Legt an!' und ich sehe die acht Gewehre auf mich gerichtet. Ich stelle mir vor, dass ich mich in die Mauer verkriechen

toutes mes forces et le mur résistera, comme dans les cauchemars. Tout ça je peux me l'imaginer. Ah ! Si tu savais
comme je peux me l'imaginer.

— Ça va! lui dis-je, je me l'imagine aussi.

— Ça doit faire un mal de chien. Tu sais qu'ils visent les
yeux et la bouche pour défigurer, ajouta-t-il méchamment. Je
sens déjà les blessures; depuis une heure j'ai des douleurs dans
la tête et dans le cou. Pas de vraies douleurs; c'est pis : ce sont
les douleurs que je sentirai demain matin. Mais après ? »

Je comprenais très bien ce qu'il voulait dire mais je ne
voulais pas en avoir l'air. Quant aux douleurs, moi aussi je
les portais dans mon corps, comme une foule de petites
balafres. Je ne pouvais pas m'y faire, mais j'étais comme
lui, je n'y attachais pas d'importance.

« Après, dis-je rudement, tu boufferas du pissenlit. »

Il se mit à parler pour lui seul : il ne lâchait pas des yeux
le Belge. Celui-ci n'avait pas l'air d'écouter. Je savais ce
qu'il était venu faire; ce que nous pensions ne l'intéressait
pas; il était venu regarder nos corps, des corps qui agonisaient tout vifs.

« C'est comme dans les cauchemars, disait Tom. On veut
penser à quelque chose, on a tout le temps l'impression que
ça y est, qu'on va comprendre et puis ça glisse, ça vous
échappe et ça retombe. Je me dis : après il n'y aura plus rien.
Mais je ne comprends pas ce que ça veut dire. Il y a des

möchte; ich werde mit aller Kraft mit dem Rücken gegen die Mauer drücken, und die Mauer wird nicht nachgeben, wie in einem Alptraum. Das kann ich mir alles vorstellen. Ach, wenn du wüsstest, wie gut ich mir das vorstellen kann."

„Na, und?" sagte ich. „Ich stell es mir auch vor."

„Es muss verdammt weh tun. Du weißt doch, dass sie auf Augen und Mund zielen, um das Gesicht zu verunstalten", fügte er bösartig hinzu. „Ich spüre die Wunden bereits; seit einer Stunde schmerzt mir der Kopf und der Hals. Keine echten Schmerzen, sondern schlimmer: das sind die Schmerzen, die ich morgen früh spüren werde. Aber nachher?"

Ich verstand sehr gut, was er sagen wollte, aber ich wollte es nicht merken lassen. Was die Schmerzen betraf, so trug ich sie ebenfalls in meinem Körper wie eine Menge kleiner Risse. Ich konnte mich nicht daran gewöhnen, aber ich war wie er, ich maß ihnen keine Bedeutung bei.

„Nachher", sagte ich grob, „wirst du einfach ins Gras beißen."

Er begann nun mit sich allein zu reden, doch er ließ den Belgier nicht aus den Augen. Der gab sich den Anschein, nichts zu hören. Ich wusste, wozu er hergekommen war; was wir dachten, interessierte ihn nicht; er war gekommen, um unsere Körper zu beobachten, Körper, die bei vollem Leben im Todeskampf lagen.

„Das ist wie in Alpträumen", sagte Tom. „Man will an etwas denken, dauernd hat man den Eindruck, dass es da ist, dass man es gleich fassen wird, und dann gleitet es weg, es entschwindet einem, es fällt wieder zurück. Ich sag mir: nachher wird nichts mehr sein. Aber ich begreife nicht, was

moments où j'y arrive presque... et puis ça retombe, je recommence à penser aux douleurs, aux balles, aux détonations. Je suis matérialiste, je te le jure; je ne deviens pas fou. Mais il y a quelque chose qui ne va pas. Je vois mon cadavre : ça n'est pas difficile mais c'est *moi* qui le vois, avec *mes* yeux. Il faudrait que j'arrive à penser... à penser que je ne verrai plus rien, que je n'entendrai plus rien et que le monde continuera pour les autres. On n'est pas faits pour penser ça, Pablo. Tu peux me croire : ça m'est déjà arrivé de veiller toute une nuit en attendant quelque chose. Mais cette chose-là, ça n'est pas pareil : ça nous prendra par derrière, Pablo, et nous n'aurons pas pu nous y préparer.

— La ferme, lui dis-je, veux-tu que j'appelle un confesseur ? »

Il ne répondit pas. J'avais déjà remarqué qu'il avait tendance à faire le prophète et à m'appeler Pablo en parlant d'une voix blanche. Je n'aimais pas beaucoup ça; mais il paraît que tous les Irlandais sont ainsi. J'avais l'impression vague qu'il sentait l'urine. Au fond je n'avais pas beaucoup de sympathie pour Tom et je ne voyais pas pourquoi, sous prétexte que nous allions mourir ensemble, j'aurais dû en avoir davantage. Il y a des types avec qui c'aurait été différent. Avec Ramon Gris, par exemple. Mais, entre Tom et Juan, je me sentais seul. D'ailleurs j'aimais mieux ça : avec Ramon je me serais peut-être attendri. Mais j'étais terriblement dur, à ce moment-là, et je voulais rester dur.

Il continua à mâchonner des mots, avec une espèce de distraction. Il parlait sûrement pour s'empêcher de penser. Il

das heißen soll. Es gibt Augenblicke, wo es mir fast gelingt... und dann ist es wieder weg, und ich denke wieder an die Schmerzen, an die Kugeln, an das Krachen. Ich bin Materialist, ich schwör's dir; ich werde nicht verrückt. Aber etwas stimmt da nicht. Ich sehe meine Leiche: das ist ja nicht schwer. Aber das bin *ich*, der sie sieht, ich, mit *meinen* Augen. Ich müsste so weit kommen, dass ich mir denken kann, dass ich nichts mehr sehen, nichts mehr hören werde, und dass die Welt für die anderen weitergeht. Man ist nicht gemacht, sich das vorzustellen, Pablo. Du kannst mir glauben, mir ist es schon passiert, dass ich die ganze Nacht wach war und auf etwas gewartet habe. Aber das jetzt, das ist nicht das gleiche. Das wird uns von hinten packen, Pablo, und wir haben uns nicht darauf vorbereiten können."

„Halt die Klappe", sagte ich, „soll ich dir einen Beichtvater rufen?"

Er antwortete nicht. Mir war schon aufgefallen, dass er eine Neigung hatte, sich wie ein Prophet aufzuführen und mich mit müder Stimme Pablo zu nennen. Das gefiel mir nicht besonders, es scheint aber, dass alle Irländer so sind. Ich hatte den undeutlichen Eindruck, dass er nach Urin roch. Im Grunde hatte ich für Tom nicht viel Sympathie, und ich sah nicht ein, warum ich hätte mehr haben sollen – nur weil wir zusammen sterben sollten. Mit anderen wäre es anders gewesen. Mit Ramon Gris zum Beispiel. Aber zwischen Tom und Juan fühlte ich mich einsam. Übrigens war mir das lieber: mit Ramon wäre ich vielleicht weich geworden. Aber im Augenblick war ich verflucht hart, und ich wollte hart bleiben.

Er fuhr fort, auf zerstreute Art Worte vor sich hin zu murmeln. Gewiss redete er nur, um nicht nachdenken zu müs-

sentait l'urine à plein nez comme les vieux prostatiques. Naturellement j'étais de son avis, tout ce qu'il disait j'aurais pu le dire : ça n'est pas *naturel* de mourir. Et, depuis que j'allais mourir, plus rien ne me semblait naturel, ni ce tas de poussier, ni le banc, ni la sale gueule de Pedro. Seulement, ça me déplaisait de penser les mêmes choses que Tom. Et je savais bien que, tout au long de la nuit, à cinq minutes près, nous continuerions à penser les choses en même temps, à suer ou à frissonner en même temps. Je le regardai de côté et, pour la première fois, il me parut étrange : il portait sa mort sur sa figure. J'étais blessé dans mon orgueil : pendant vingt-quatre heures j'avais vécu aux côtés de Tom, je l'avais écouté, je lui avais parlé, et je savais que nous n'avions rien de commun. Et maintenant nous nous ressemblions comme des frères jumeaux, simplement parce que nous allions crever ensemble. Tom me prit la main sans me regarder :

« Pablo, je me demande... je me demande si c'est bien vrai qu'on s'anéantit. »

Je dégageai ma main, je lui dis :

« Regarde entre tes pieds, salaud. »

Il y avait une flaque entre ses pieds et des gouttes tombaient de son pantalon.

« Qu'est-ce que c'est, dit-il avec effarement.

— Tu pisses dans ta culotte, lui dis-je.

— C'est pas vrai, dit-il furieux, je ne pisse pas, je ne sens rien. »

Le Belge s'était approché. Il demanda avec une fausse sollicitude :

« Vous vous sentez souffrant ? »

sen. Er roch jetzt nach Urin wie die alten Prostatakranken, sodass es mir in die Nase stieg. Natürlich war ich ganz seiner Meinung; alles, was er gesagt hatte, hätte ich ebenfalls sagen können: dass das Sterben nicht *natürlich* ist. Jetzt, dicht vor dem Sterben, kam mir nichts mehr natürlich vor, weder der Kohlenhaufen, noch die Bank, noch Pedros widerliches Gesicht. Nur war es mir peinlich, dasselbe zu denken wie Tom. Und ich wusste, dass wir während der ganzen Nacht, bis ganz zum Schluss, fortfahren würden, gleichzeitig dasselbe zu denken, gleichzeitig zu schwitzen oder zu frösteln. Ich schaute ihn von der Seite an, und zum erstenmal kam er mir sonderbar vor: er hatte bereits den Tod in den Zügen. Mein Stolz war verletzt: vierundzwanzig Stunden hatte ich neben Tom verbracht, ich hatte ihm zugehört, ich hatte mit ihm gesprochen, und ich wusste, dass wir nichts Gemeinsames hatten. Und jetzt glichen wir einander wie Zwillingsbrüder, nur weil wir mitsammen krepieren sollten. Tom nahm meine Hand, ohne mich anzublicken:

„Pablo, ich frage mich... ich frage mich, ob es wirklich wahr ist, dass man zu nichts wird."

Ich befreite meine Hand und sagte:

„Schau lieber zwischen deine Füße, du Schwein."

Zwischen seinen Füßen war eine Lache, und von seiner Hose tropfte es.

„Was ist das?" fragte er bestürzt.

„Du pisst dir in die Hosen", sagte ich.

„Das ist nicht wahr!" sagte er empört, „ich pisse nicht, ich spüre nichts."

Der Belgier war näher getreten. Er fragte mit geheuchelter Teilnahme:

„Sie fühlen sich krank?"

Tom ne répondit pas. Le Belge regarda la flaque sans rien dire.

« Je ne sais pas ce que c'est, dit Tom d'un ton farouche, mais je n'ai pas peur. Je vous jure que je n'ai pas peur. »

Le Belge ne répondit pas. Tom se leva et alla pisser dans un coin. Il revint en boutonnant sa braguette, se rassit et ne souffla plus mot. Le Belge prenait des notes.

Nous le regardions ; le petit Juan aussi le regardait : nous le regardions tous les trois parce qu'il était vivant. Il avait les gestes d'un vivant, les soucis d'un vivant; il grelottait dans cette cave, comme devaient grelotter les vivants; il avait un corps obéissant et bien nourri. Nous autres nous ne sentions plus guère nos corps — plus de la même façon, en tout cas. J'avais envie de tâter mon pantalon, entre mes jambes, mais je n'osais pas; je regardais le Belge, arqué sur ses jambes, maître de ses muscles — et qui pouvait penser à demain. Nous étions là, trois ombres privées de sang; nous le regardions et nous sucions sa vie comme des vampires.

Il finit par s'approcher du petit Juan. Voulut-il lui tâter la nuque pour quelque motif professionnel ou bien obéit-il à une impulsion charitable ? S'il agit par charité ce fut la seule et unique fois de toute la nuit. Il caressa le crâne et le cou du petit Juan. Le petit se laissait faire, sans le quitter des yeux, puis, tout à coup, il lui saisit la main et la regarda d'un drôle d'air. Il tenait la main du Belge entre les deux siennes et elles n'avaient rien de plaisant, les deux pinces grises qui

Tom antwortete nicht. Der Belgier betrachtete wortlos die Lache.

„Ich weiß nicht, was das ist", sagte Tom mit wilder Stimme, „aber ich hab keine Angst. Ich schwöre Ihnen, ich habe keine Angst."

Der Belgier antwortete nicht. Tom stand auf und ging in eine Ecke pinkeln. Er kam zurück, indem er sich die Hose zuknöpfte, setzte sich wieder und sagte nichts mehr. Der Belgier machte Notizen.

Wir betrachteten ihn; auch der kleine Juan betrachtete ihn. Alle drei betrachteten wir ihn, weil er lebendig war. Er hatte die Gesten eines Lebenden, die Sorgen eines Lebenden; er schlotterte vor Kälte in diesem Keller, wie die Lebenden schlottern müssen; sein Körper war gehorsam und gut genährt. Wir anderen fühlten unsere Körper kaum mehr – jedenfalls nicht mehr auf die gleiche Art. Ich hätte gern meine Hose zwischen meinen Beinen befühlt, aber ich wagte es nicht; ich schaute mir den Belgier an, der gebeugt auf seinen Beinen stand, Herr seiner Muskeln – und an morgen denken konnte. Und da waren wir, drei blutlose Schatten; wir schauten ihn an und saugten das Leben aus ihm wie Vampire.

Schließlich näherte er sich dem kleinen Juan. Wollte er ihm den Nacken befühlen aus irgendeinem beruflichen Interesse, oder folgte er einer barmherzigen Regung? Wenn es Barmherzigkeit war, so war es das erste und einzige Mal während der ganzen Nacht. Er streichelte dem kleinen Juan Schädel und Hals. Der Kleine ließ es geschehen, ohne die Augen abzuwenden, ergriff plötzlich seine Hand und sah sie mit einem sonderbaren Blick an. Er hielt die Hand des Belgiers mit seinen beiden Händen fest; diese zwei grauen

serraient cette main grasse et rougeaude. Je me doutais bien de ce qui allait arriver et Tom devait s'en douter aussi : mais le Belge n'y voyait que du feu, il souriait paternellement. Au bout d'un moment le petit porta la grosse patte rouge à sa bouche et voulut la mordre. Le Belge se dégagea vivement et recula jusqu'au mur en trébuchant. Pendant une seconde il nous regarda avec horreur, il devait comprendre tout d'un coup que nous n'étions pas des hommes comme lui. Je me mis à rire, et l'un des gardiens sursauta. L'autre s'était endormi, ses yeux, grands ouverts, étaient blancs.

Je me sentais las et surexcité, à la fois. Je ne voulais plus penser à ce qui arriverait à l'aube, à la mort. Ça ne rimait à rien, je ne rencontrais que des mots ou du vide. Mais dès que j'essayais de penser à autre chose je voyais des canons de fusil braqués sur moi. J'ai peut-être vécu vingt fois de suite mon exécution; une fois même j'ai cru que ça y était pour de bon : j'avais dû m'endormir une minute. Ils me traînaient vers le mur et je me débattais; je leur demandais pardon. Je me réveillai en sursaut et je regardai le Belge : j'avais peur d'avoir crié dans mon sommeil. Mais il se lissait la moustache, il n'avait rien remarqué. Si j'avais voulu, je crois que j'aurais pu dormir un moment : je veillais depuis quarante-huit heures, j'étais à bout. Mais je n'avais pas envie de perdre deux heures de vie : ils seraient venus me réveiller à l'aube, je les aurais suivis, hébété de sommeil et j'aurais clamecé sans faire « ouf »; je ne voulais pas de ça,

Klammern, die die fette, rötliche Hand drückten, sahen nicht vertrauenerweckend aus. Ich ahnte, was jetzt kommen würde, und Tom ahnte es sicher auch. Aber der Belgier sah nur Zuneigung darin und lächelte väterlich. Auf einmal führte der Kleine die dicke rote Tatze an seinen Mund und wollte hineinbeißen. Der Belgier riss sich heftig los und wich stolpernd zur Wand zurück. Eine Sekunde lang schaute er uns mit Entsetzen an. Er musste plötzlich begreifen, dass wir keine Menschen waren wie er. Ich begann zu lachen, einer der Wächter fuhr auf. Der andere war eingeschlafen, mit großen offenen Augen, von denen man nur das Weiße sah.

Ich fühlte mich gleichzeitig erschöpft und überreizt. Ich wollte nicht mehr an das denken, was im Morgengrauen geschehen würde, an den Tod. Das hing mit nichts zusammen, ich fand dafür nur Worte oder Leere. Aber kaum versuchte ich, an etwas anderes zu denken, sah ich gleich die Gewehrläufe auf mich gerichtet. Ich habe meine Hinrichtung vielleicht zwanzigmal hintereinander erlebt; einmal glaubte ich sogar, wir wären so weit; ich muss einen Moment eingenickt sein. Sie schleppten mich zur Mauer, und ich schlug um mich; ich bat um Begnadigung. Ich fuhr aus dem Schlaf auf und schaute auf den Belgier; ich fürchtete, im Schlaf geschrien zu haben. Aber er strich sich nur den Schnurrbart, er hatte nichts gemerkt. Hätte ich es gewollt, so hätte ich wohl einen Augenblick schlafen können: seit achtundvierzig Stunden war ich wach, ich war am Ende. Aber ich hatte keine Lust, zwei Stunden Leben zu verlieren. Sie wären im Morgengrauen gekommen, um mich zu wecken, ich wäre ihnen schlaftrunken gefolgt und wäre krepiert, ohne einen Laut von mir zu geben; das wollte ich

je ne voulais pas mourir comme une bête, je voulais comprendre. Et puis je craignais d'avoir des cauchemars. Je me levai, je me promenai de long en large et, pour me changer les idées, je me mis à penser à ma vie passée. Une foule de souvenirs me revinrent, pêle-mêle. Il y en avait de bons et de mauvais — ou du moins je les appelais comme ça *avant.* Il y avait des visages et des histoires. Je revis le visage d'un petit novillero* qui s'était fait encorner à Valence pendant la Feria, celui d'un de mes oncles, celui de Ramon Gris. Je me rappelai des histoires : comment j'avais chômé pendant trois mois en 1926, comment j'avais manqué crever de faim. Je me souvins d'une nuit que j'avais passée sur un banc à Grenade : je n'avais pas mangé depuis trois jours, j'étais enragé, je ne voulais pas crever. Ça me fit sourire. Avec quelle âpreté, je courais après le bonheur, après les femmes, après la liberté. Pourquoi faire ? J'avais voulu libérer l'Espagne, j'admirais Pi y Margall**, j'avais adhéré au mouvement anarchiste, j'avais parlé dans des réunions publiques : je prenais tout au sérieux comme si j'avais été immortel.

À ce moment-là j'eus l'impression que je tenais toute ma vie devant moi et je pensai : « C'est un sacré mensonge. » Elle ne valait rien puisqu'elle était finie. Je me demandai comment j'avais pu me promener, rigoler avec des filles : je n'aurais pas remué le petit doigt si seulement j'avais imaginé que je mourrais comme ça. Ma vie était devant moi, close, fermée, comme un sac et pourtant tout ce qu'il y avait dedans était inachevé. Un instant j'essayai de la juger.

---

* **novillero:** angehender Torero, der mit Jungstieren kämpft.

** **Pi y Margall:** liberal-revolutionärer Politiker mit anarchistischer Tendenz im 19. Jahrhundert.

nicht, ich wollte nicht wie ein Tier sterben, ich wollte begreifen. Außerdem fürchtete ich mich vor den Alpträumen. Ich erhob mich und spazierte auf und ab, und um auf andere Gedanken zu kommen, begann ich, an mein vergangenes Leben zu denken. Eine Menge Erinnerungen stiegen auf, durcheinander. Es gab darunter gute und schlechte – oder wenigstens nannte ich sie *früher* so. Da gab es Gesichter und Geschichten. Ich sah das Gesicht eines kleinen Novillero*, der sich in Valencia beim Stierkampf hatte aufspießen lassen, sah das Gesicht eines Onkels, das von Ramon Gris. Ich erinnerte mich an Geschichten: wie ich 1926 drei Monate lang arbeitslos gewesen war, wie ich vor Hunger fast gestorben wäre. Ich erinnerte mich an eine Nacht, die ich auf einer Bank in Granada verbracht hatte: seit drei Tagen hatte ich nichts gegessen, ich war wütend, wollte aber nicht verrecken. Darüber musste ich lächeln. Wie gierig jagte ich nach dem Glück, nach den Frauen, nach der Freiheit. Wozu? Ich hatte Spanien befreien wollen, ich bewunderte Pi y Margall**, war der anarchistischen Bewegung beigetreten, hatte in öffentlichen Versammlungen gesprochen: das alles hatte ich so ernst genommen, als wäre ich unsterblich.

In diesem Augenblick hatte ich den Eindruck, als hielte ich mein gesamtes Leben vor mir, und ich dachte: „Es ist eine verfluchte Lüge." Es war wertlos, weil es zu Ende war. Ich fragte mich, wie ich mit Mädchen hatte herumbummeln und scherzen können: ich hätte nicht den kleinen Finger gerührt, wenn ich geahnt hätte, dass ich so sterben würde. Mein Leben stand vor mir, abgeschlossen, zugeschnürt wie ein Sack, und doch war alles, was darin war, noch unbeendet. Ich versuchte einen Augenblick, es zu beurteilen. Ich hätte

J'aurais voulu me dire : c'est une belle vie. Mais on ne pouvait pas porter de jugement sur elle, c'était une ébauche; j'avais passé mon temps à tirer des traites pour l'éternité, je n'avais rien compris. Je ne regrettais rien : il y avait des tas de choses que j'aurais pu regretter, le goût du manzanilla ou bien les bains que je prenais en été dans une petite crique près de Cadix; mais la mort avait tout désenchanté.

Le Belge eut une fameuse idée, soudain.

« Mes amis, nous dit-il, je puis me charger — sous réserve que l'administration militaire y consentira — de porter un mot de vous, un souvenir aux gens qui vous aiment... »

Tom grogna :

« J'ai personne. »

Je ne répondis rien. Tom attendit un instant, puis me considéra avec curiosité :

« Tu ne fais rien dire à Concha ?

— Non. »

Je détestais cette complicité tendre : c'était ma faute, j'avais parlé de Concha la nuit précédente, j'aurais dû me retenir. J'étais avec elle depuis un an. La veille encore je me serais coupé un bras à coups de hache pour la revoir cinq minutes. C'est pour ça que j'en avais parlé, c'était plus fort que moi. À présent je n'avais plus envie de la revoir, je n'avais plus rien à lui dire. Je n'aurais même pas voulu la serrer dans mes bras : j'avais horreur de mon corps parce qu'il était devenu gris et qu'il suait — et je n'étais pas sûr de ne pas avoir horreur du sien. Concha pleurerait quand elle apprendrait ma mort; pendant des mois elle n'aurait plus de

mir gern gesagt: es war ein schönes Leben. Aber es ließ sich nicht beurteilen, es war nur ein Entwurf; ich hatte meine Zeit damit verbracht, dass ich Wechsel auf die Ewigkeit zog, aber begriffen hatte ich nichts. Ich bedauerte nichts: es gab eine Menge Dinge, um die mir hätte leid sein können, der Geschmack der Manzanilla oder die Bäder, die ich im Sommer in einer kleinen Bucht bei Cadix genommen hatte; aber der Tod hatte alles entzaubert.

Der Belgier hatte auf einmal eine glanzvolle Idee.

„Meine Freunde", sagte er, „sofern es die Militärverwaltung gestattet, kann ich es übernehmen, ein Wort von Ihnen, ein Andenken an die zu überbringen, die Sie lieben..."

Tom brummte:

„Ich habe niemand."

Ich antwortete nichts. Tom wartete einen Augenblick und betrachtete mich neugierig:

„Du willst deiner Concha nichts sagen?"

„Nein."

Ich hasste diese zarte Mitwisserschaft. Es war meine Schuld, ich hatte ihm vorige Nacht von Concha erzählt, ich hätte mich beherrschen sollen. Ich war seit einem Jahr mit ihr zusammen. Noch gestern Abend hätte ich mir einen Arm mit der Axt abhauen lassen, um sie fünf Minuten wiederzusehen. Darum hatte ich ja auch von ihr gesprochen, es war stärker gewesen als ich. Jetzt hatte ich keine Lust mehr, sie zu sehen; ich hatte ihr nichts mehr zu sagen. Ich hätte sie nicht einmal in die Arme nehmen mögen: ich hatte einen Abscheu vor meinem Körper, weil er grau geworden war und schwitzte – und ich war nicht sicher, ob mich nicht auch der ihre geekelt hätte. Concha würde weinen, wenn sie von meinem Tod erfuhr; einige Monate würde sie keine Freude

goût à vivre. Mais tout de même c'était moi qui allais mourir. Je pensai à ses beaux yeux tendres. Quand elle me regardait, quelque chose passait d'elle à moi. Mais je pensai que c'était fini : si elle me regardait *à présent* son regard resterait dans ses yeux, il n'irait pas jusqu'à moi. J'étais seul.

Tom aussi était seul, mais pas de la même manière. Il s'était assis à califourchon et il s'était mis à regarder le banc avec une espèce de sourire, il avait l'air étonné. Il avança la main et toucha le bois avec précaution, comme s'il avait peur de casser quelque chose, ensuite il retira vivement sa main et frissonna. Je ne me serais pas amusé à toucher le banc, si j'avais été Tom; c'était encore de la comédie d'Irlandais, mais je trouvais aussi que les objets avaient un drôle d'air : ils étaient plus effacés, moins denses qu'à l'ordinaire. Il suffisait que je regarde le banc, la lampe, le tas de poussier, pour que je sente que j'allais mourir. Naturellement je ne pouvais pas clairement penser ma mort mais je la voyais partout, sur les choses, dans la façon dont les choses avaient reculé et se tenaient à distance, discrètement, comme des gens qui parlent bas au chevet d'un mourant. C'était *sa* mort que Tom venait de toucher sur le banc.

Dans l'état où j'étais, si l'on était venu m'annoncer que je pouvais rentrer tranquillement chez moi, qu'on me laissait la vie sauve, ça m'aurait laissé froid : quelques heures ou quelques années d'attente c'est tout pareil, quand on a perdu l'illusion d'être éternel. Je ne tenais plus à rien, en un sens, j'étais calme. Mais c'était un calme horrible — à cause de mon corps : mon corps, je voyais avec ses yeux, j'enten-

mehr am Leben haben. Aber immerhin, wer sterben musste, war ich. Ich dachte an ihre schönen, zärtlichen Augen. Wenn sie mich ansah, sprang etwas von ihr auf mich über. Aber ich dachte, auch das war jetzt zuende: wenn sie mich *jetzt* ansähe, würde ihr Blick in ihren Augen bleiben und nicht mehr bis zu mir gelangen. Ich war allein.

Auch Tom war allein, aber nicht auf dieselbe Weise. Er hatte sich rittlings auf die Bank gesetzt und stierte sie mit einer Art Lächeln an, er schien erstaunt. Er streckte die Hand vor, berührte vorsichtig das Holz, so, als fürchtete er, etwas zu zerbrechen, dann zog er seine Hand rasch zurück und schauderte. Wäre ich Tom gewesen, so hätte ich mich nicht damit vergnügt, die Bank zu berühren; das war wieder einmal irische Komödie, aber ich fand ebenfalls, dass die Dinge sonderbar aussahen: sie waren verwischter, weniger dicht als sonst. Es genügte, dass ich die Bank, die Lampe, den Kohlenhaufen ansah, um zu fühlen, dass ich bald sterben würde. Natürlich konnte ich mir meinen Tod nicht klar vorstellen, aber ich sah ihn überall, auf den Gegenständen, in der Art, wie die Dinge zurückgewichen waren und sich entfernt von mir hielten, behutsam, wie Leute, die am Bett eines Sterbenden leise sprechen. Was Tom auf der Bank berührt hatte, war *sein* Tod.

Im Zustand, in dem ich war, hätte es mich kalt gelassen, wenn jemand mir jetzt gesagt hätte, dass ich ruhig nach Hause gehen könne, dass man mir das Leben schenke: ob man einige Stunden oder einige Jahre wartet, darauf kommt es nicht mehr an, wenn man die Illusion verloren hat, ewig zu sein. Ich hing an nichts mehr, ich war gewissermaßen ruhig. Aber es war eine entsetzliche Ruhe – wegen meines Körpers: mein Körper, ich sah mit seinen Augen, ich hörte

dais avec ses oreilles, mais ça n'était plus moi; il suait et tremblait tout seul et je ne le reconnaissais plus. J'étais obligé de le toucher et de le regarder pour savoir ce qu'il devenait, comme si c'avait été le corps d'un autre. Par moments je le sentais encore, je sentais des glissements, des espèces de dégringolades, comme lorsqu'on est dans un avion qui pique du nez, ou bien je sentais battre mon cœur. Mais ça ne me rassurait pas : tout ce qui venait de mon corps avait un sale air louche. La plupart du temps, il se tassait, il se tenait coi et je ne sentais plus rien qu'une espèce de pesanteur, une présence immonde contre moi; j'avais l'impression d'être lié à une vermine énorme. À un moment je tâtai mon pantalon et je sentis qu'il était humide; je ne savais pas s'il était mouillé de sueur ou d'urine, mais j'allai pisser sur le tas de charbon, par précaution.

Le Belge tira sa montre et la regarda. Il dit :

« Il est trois heures et demie. »

Le salaud! Il avait dû le faire exprès. Tom sauta en l'air : nous ne nous étions pas encore aperçus que le temps s'écoulait; la nuit nous entourait comme une masse informe et sombre, je ne me rappelais même plus qu'elle avait commencé.

Le petit Juan se mit à crier. Il se tordait les mains, il suppliait :

« Je ne veux pas mourir, je ne veux pas mourir. »

Il courut à travers toute la cave en levant les bras en l'air puis il s'abattit sur une des paillasses et sanglota. Tom le regardait avec des yeux mornes et n'avait même plus envie de le consoler. Par le fait ce n'était pas la peine : le petit faisait plus de bruit que nous, mais il était moins atteint : il était

mit seinen Ohren, doch das war nicht mehr ich; er schwitzte und zitterte ganz allein, und ich erkannte ihn nicht wieder. Ich war genötigt, ihn zu berühren und zu beobachten, um zu erfahren, was aus ihm werde, als wäre es der Körper eines anderen gewesen. Manchmal spürte ich ihn noch, ich spürte ein Gleiten, eine Art Abrutschen, wie wenn man in einem Flugzeug ist, das in den Sturzflug geht. Manchmal fühlte ich mein Herz schlagen. Aber das beruhigte mich nicht: alles, was von meinem Körper her kam, hatte etwas widerlich Zweideutiges an sich. Meist schwieg er, hielt sich still, und ich fühlte nur eine Art Schwere, eine ekelhafte Anwesenheit mir gegenüber; ich hatte das Gefühl, an einen ungeheuren Wurm gebunden zu sein. Einmal betastete ich meine Hose, sie war feucht; ich wusste nicht, ob es vom Schweiß oder Urin war, aber vorsichtshalber ging ich an den Kohlenhaufen pissen.

Der Belgier zog seine Uhr und blickte darauf.

„Es ist halb vier", sagte er.

Der Mistkerl! Er musste es absichtlich getan haben. Tom sprang auf: wir hatten noch nicht bemerkt, dass die Zeit verging; die Nacht umgab uns wie eine dunkle, einförmige Masse; ich erinnerte mich nicht mehr, dass sie begonnen hatte.

Der kleine Juan begann zu schreien. Er rang die Hände, er flehte:

„Ich will nicht sterben, ich will nicht sterben."

Er rannte mit erhobenen Armen durch den ganzen Keller, warf sich dann auf einen der Strohsäcke und schluchzte. Tom sah ihn mit trüben Blicken an und hatte nicht einmal mehr Lust, ihn zu trösten. Im Grunde war es auch nicht der Mühe wert: der Kleine machte mehr Lärm als wir, aber er

comme un malade qui se défend contre son mal par de la fièvre. Quand il n'y a même plus de fièvre, c'est beaucoup plus grave.

Il pleurait : je voyais bien qu'il avait pitié de lui-même; il ne pensait pas à la mort. Une seconde, une seule seconde, j'eus envie de pleurer moi aussi, de pleurer de pitié sur moi. Mais ce fut le contraire qui arriva : je jetai un coup d'œil sur le petit, je vis ses maigres épaules sanglotantes et je me sentis inhumain : je ne pouvais avoir pitié ni des autres ni de moi-même. Je me dis : « Je veux mourir proprement. »

Tom s'était levé, il se plaça juste en dessous de l'ouverture ronde et se mit à guetter le jour. Moi j'étais buté, je voulais mourir proprement et je ne pensais qu'à ça. Mais, par en dessous, depuis que le médecin nous avait dit l'heure, je sentais le temps qui filait, qui coulait goutte à goutte.

Il faisait encore noir quand j'entendis la voix de Tom :

« Tu les entends.

— Oui. »

Des types marchaient dans la cour.

« Qu'est-ce qu'ils viennent foutre ? Ils ne peuvent pourtant pas tirer dans le noir. »

Au bout d'un moment nous n'entendîmes plus rien. Je dis à Tom :

« Voilà le jour. »

Pedro se leva en bâillant et vint souffler la lampe. Il dit à son copain :

« Mince de froid. »

La cave était devenue toute grise. Nous entendîmes des coups de feu dans le lointain.

war weniger betroffen. Er war wie ein Kranker, der sich mit Fieber gegen sein Leiden wehrt. Wenn nicht einmal mehr Fieber da ist, ist es viel schlimmer.

Er weinte. Ich sah deutlich, dass er mit sich selber Mitleid hatte; er dachte nicht an den Tod. Eine Sekunde, aber nur eine Sekunde lang, verspürte auch ich Lust zu weinen, aus Mitleid über mich zu weinen. Aber das Gegenteil geschah: ich warf einen Blick auf den Kleinen, sah seine mageren, schluchzenden Schultern und fühlte mich unmenschlich: denn ich war nicht mehr fähig, Mitleid zu empfinden, weder mit anderen noch mit mir selbst. Ich sagte mir: „Ich will sauber und anständig sterben."

Tom hatte sich erhoben; er stellte sich genau unter die runde Öffnung und spähte nach dem Tageslicht aus. Ich selbst bestand eigensinnig darauf: Ich wollte anständig sterben und dachte nur an das. Aber darunter fühlte ich, seitdem uns der Arzt die Uhrzeit gesagt hatte, wie die Zeit verstrich, Tropfen für Tropfen verrann.

Es war noch dunkel, als ich Toms Stimme vernahm:

„Hörst du sie?"

„Ja."

Man hörte welche im Hof marschieren.

„Was treiben die bloß? Die können doch nicht im Dunkeln schießen."

Etwas später vernahmen wir nichts mehr. Ich sagte zu Tom: „Es wird Tag."

Pedro stand gähnend auf und blies die Lampe aus. Er sagte zu seinem Kumpan:

„Verfluchte Kälte."

Der Keller war ganz grau geworden. Wir vernahmen Schüsse in der Ferne.

« Ça commence, dis-je à Tom, ils doivent faire ça dans la cour de derrière. »

Tom demanda au médecin de lui donner une cigarette. Moi je n'en voulais pas; je ne voulais ni cigarettes ni alcool. À partir de cet instant ils ne cessèrent pas de tirer.

« Tu te rends compte ? » dit Tom.

Il voulait ajouter quelque chose mais il se tut, il regardait la porte. La porte s'ouvrit et un lieutenant entra avec quatre soldats. Tom laissa tomber sa cigarette.

« Steinbock ? »

Tom ne répondit pas. Ce fut Pedro qui le désigna.

« Juan Mirbal ?

— C'est celui qui est sur la paillasse.

— Levez-vous », dit le lieutenant.

Juan ne bougea pas. Deux soldats le prirent aux aisselles et le mirent sur ses pieds. Mais dès qu'ils l'eurent lâché il retomba.

Les soldats hésitèrent.

« Ce n'est pas le premier qui se trouve mal, dit le lieutenant, vous n'avez qu'à le porter, vous deux; on s'arrangera là-bas. »

Il se tourna vers Tom :

« Allons, venez. »

Tom sortit entre deux soldats. Deux autres soldats suivaient, ils portaient le petit par les aisselles et par les jarrets. Il n'était pas évanoui; il avait les yeux grands ouverts et des larmes coulaient le long de ses joues. Quand je voulus sortir, le lieutenant m'arrêta :

« C'est vous, Ibbieta ?

— Oui.

— Vous allez attendre ici : on viendra vous chercher tout à l'heure. »

„Es fängt an", sagte ich zu Tom, „sie müssen es im hinteren Hof machen."

Tom bat den Arzt um eine Zigarette. Ich wollte keine; ich wollte weder Zigaretten noch Alkohol. Von da an hörte das Schießen nicht auf.

„Bist du dir im klaren?" sagte Tom.

Er wollte noch etwas hinzufügen, aber er schwieg und schaute zur Tür. Die Tür ging auf, und ein Leutnant trat ein mit vier Soldaten. Tom ließ seine Zigarette fallen.

„Steinbock?"

Tom antwortete nicht. Pedro wies auf ihn.

„Juan Mirbal?"

„Das ist der auf dem Strohsack."

„Stehen Sie auf", sagte der Leutnant.

Juan rührte sich nicht. Zwei Soldaten ergriffen ihn unter den Achseln und stellten ihn auf die Füße. Aber als sie ihn losließen, fiel er wieder hin.

Die Soldaten zauderten.

„Das ist nicht der erste, dem übel wird", sagte der Leutnant, „ihr zwei müsst ihn hintragen. Dort werden sie ihn schon herrichten."

Er wandte sich an Tom:

„Vorwärts, kommen Sie."

Tom ging zwischen zwei Soldaten hinaus. Zwei andere Soldaten folgten, sie trugen den Kleinen an den Achseln und Kniekehlen. Er war nicht bewusstlos. Seine Augen waren weit offen, und Tränen liefen ihm über die Wangen. Als ich hinausgehen wollte, hielt mich der Leutnant an:

„Sind Sie Ibbieta?"

„Ja."

„Sie warten hier. Man wird Sie gleich holen."

Ils sortirent. Le Belge et les deux geôliers sortirent aussi, je restai seul. Je ne comprenais pas ce qui m'arrivait mais j'aurais mieux aimé qu'ils en finissent tout de suite. J'entendais les salves à intervalles presque réguliers; à chacune d'elles, je tressaillais. J'avais envie de hurler et de m'arracher les cheveux. Mais je serrais les dents et j'enfonçais les mains dans mes poches parce que je voulais rester propre.

Au bout d'une heure on vint me chercher et on me conduisit au premier étage, dans une petite pièce qui sentait le cigare et dont la chaleur me parut suffocante. Il y avait là deux officiers qui fumaient, assis dans des fauteuils, avec des papiers sur leurs genoux.

« Tu t'appelles Ibbieta ?

— Oui.

— Où est Ramon Gris ?

— Je ne sais pas. »

Celui qui m'interrogeait était petit et gros. Il avait des yeux durs derrière ses lorgnons. Il me dit :

« Approche. »

Je m'approchai. Il se leva et me prit par les bras en me regardant d'un air à me faire rentrer sous terre. En même temps il me pinçait les biceps de toutes ses forces. Ça n'était pas pour me faire mal, c'était le grand jeu : il voulait me dominer. Il jugeait nécessaire aussi de m'envoyer son souffle pourri en pleine figure. Nous restâmes un moment comme ça, moi ça me donnait plutôt envie de rire. Il en faut beaucoup plus pour intimider un homme qui va mourir : ça ne prenait pas. Il me repoussa violemment et se rassit. Il dit :

« C'est ta vie contre la sienne. On te laisse la vie sauve si

Sie gingen hinaus. Der Belgier und die beiden Wachposten gingen ebenfalls, ich blieb allein. Ich begriff nicht, was mit mir geschah, aber mir wäre es lieber gewesen, wenn sie gleich Schluss gemacht hätten. Ich hörte die Salven in fast gleich langen Abständen; bei jeder fuhr ich zusammen. Ich hatte Lust, zu brüllen und mir die Haare zu raufen. Aber ich biss die Zähne zusammen und steckte die Hände in die Taschen, weil ich anständig bleiben wollte.

Nach einer Stunde holten sie mich und führten mich in den ersten Stock, in ein kleines Zimmer, wo es nach Zigarren roch und heiß zum Ersticken war. Da saßen zwei Offiziere, rauchten, in ihre Fauteuils zurückgelehnt, mit Papieren auf den Knien.

„Du heißt Ibbieta?"

„Ja."

„Wo ist Ramon Gris?"

„Das weiß ich nicht."

Der, der mich befragte, war klein und dick. Er hatte harte Augen hinter seiner Brille.

„Komm näher", sagte er.

Ich trat näher. Er stand auf und packte mich am Arm, wobei er mich mit einem Blick maß, als müsste ich in den Boden sinken. Gleichzeitig kniff er mich mit aller Kraft in den Bizeps. Er tat es nicht, um mir weh zu tun; es war sein großes Spiel: er wollte mich unterjochen. Er fand es auch nötig, mir seinen faulen Atem voll ins Gesicht zu hauchen. So blieben wir eine Weile; mich brachte es eher zum Lachen. Es braucht viel mehr, um einen Mann einzuschüchtern, der vor dem Sterben steht; so was zog nicht mehr. Er stieß mich heftig zurück und setzte sich wieder.

„Dein Leben gegen das seine", sagte er. „Wir lassen dir

tu nous dis où il est. »

Ces deux types chamarrés, avec leurs cravaches et leurs bottes, c'étaient tout de même des hommes qui allaient mourir. Un peu plus tard que moi, mais pas beaucoup plus. Et ils s'occupaient à chercher des noms sur leurs paperasses, ils couraient après d'autres hommes pour les emprisonner ou les supprimer; ils avaient des opinions sur l'avenir de l'Espagne et sur d'autres sujets. Leurs petites activités me paraissaient choquantes et burlesques : je n'arrivais plus à me mettre à leur place, il me semblait qu'ils étaient fous.

Le petit gros me regardait toujours, en fouettant ses bottes de sa cravache. Tous ses gestes étaient calculés pour lui donner l'allure d'une bête vive et féroce.

« Alors ? C'est compris ?

— Je ne sais pas où est Gris, répondis-je. Je croyais qu'il était à Madrid. »

L'autre officier leva sa main pâle avec indolence. Cette indolence aussi était calculée. Je voyais tous leurs petits manèges et j'étais stupéfait qu'il se trouvât des hommes pour s'amuser à ça.

« Vous avez un quart d'heure pour réfléchir, dit-il lentement. Emmenez-le à la lingerie, vous le ramènerez dans un quart d'heure. S'il persiste à refuser, on l'exécutera sur-le-champ. »

Ils savaient ce qu'ils faisaient : j'avais passé la nuit dans l'attente ; après ça ils m'avaient encore fait attendre une heure dans la cave, pendant qu'on fusillait Tom et Juan et maintenant ils m'enfermaient dans la lingerie; ils avaient dû préparer leur coup depuis la veille. Ils se disaient que les nerfs s'usent à la longue et ils espéraient m'avoir comme ça.

das Leben, wenn du uns sagst, wo er steckt."

Diese zwei betressten Kerle, mit ihren Reitpeitschen und Stiefeln, das waren doch auch Menschen, die sterben würden. Etwas später als ich, aber nicht viel später. Und da bemühten sie sich, Namen in ihren Listen zu suchen, rannten hinter anderen Menschen her, um sie einzusperren oder umzubringen; sie hatten Ansichten über Spaniens Zukunft und über andere Dinge. Ihre kleinen Aktivitäten fand ich anstößig und grotesk. Ich konnte mich nicht mehr an ihre Stelle versetzen, sie schienen mir verrückt.

Der kleine Dicke sah mich unablässig an und schlug dabei mit der Reitpeitsche an seine Stiefel. Alle seine Gesten waren darauf berechnet, ihm das Verhalten eines heftigen, bösen Tieres zu geben.

„Also? Verstanden?"

„Ich weiß nicht, wo Gris ist", antwortete ich. „Ich glaubte, er sei in Madrid."

Der andere Offizier hob lässig seine blasse Hand. Auch diese Lässigkeit war berechnet. Ich durchschaute alle ihre kleinen Kniffe und war verblüfft, dass es Menschen gab, die sich an so etwas vergnügten.

„Sie haben eine Viertelstunde Zeit zum Nachdenken", sagte er langsam. „Bringt ihn in die Wäschekammer; in einer Viertelstunde führt ihn wieder her. Wenn er sich weiterhin weigert, wird er sofort erschossen."

Sie wussten genau, was sie taten: ich hatte die ganze Nacht gewartet; dann hatten sie mich noch eine Stunde im Keller warten lassen, während Tom und Juan erschossen wurden, und jetzt sperrten sie mich in der Wäschekammer ein; das mussten sie sich alles am Vortag schon ausgedacht haben. Sie sagten sich, dass meine Nerven sich auf die Dauer auf-

Ils se trompaient bien. Dans la lingerie je m'assis sur un escabeau, parce que je me sentais très faible et je me mis à réfléchir. Mais pas à leur proposition. Naturellement je savais où était Gris : il se cachait chez ses cousins, à quatre kilomètres de la ville. Je savais aussi que je ne révélerais pas sa cachette, sauf s'ils me torturaient (mais ils n'avaient pas l'air d'y songer). Tout cela était parfaitement réglé, définitif et ne m'intéressait nullement. Seulement j'aurais voulu comprendre les raisons de ma conduite. Je préférais crever plutôt que de livrer Gris. Pourquoi ? Je n'aimais plus Ramon Gris. Mon amitié pour lui était morte un peu avant l'aube en même temps que mon amour pour Concha, en même temps que mon désir de vivre. Sans doute je l'estimais toujours; c'était un dur. Mais ça n'était pas pour cette raison que j'acceptais de mourir à sa place; sa vie n'avait pas plus de valeur que la mienne; aucune vie n'avait de valeur. On allait coller un homme contre un mur et lui tirer dessus jusqu'à ce qu'il en crève : que ce fût moi ou Gris ou un autre c'était pareil. Je savais bien qu'il était plus utile que moi à la cause de l'Espagne mais je me foutais de l'Espagne et de l'anarchie : rien n'avait plus d'importance. Et pourtant j'étais là, je pouvais sauver ma peau en livrant Gris et je me refusais à le faire. Je trouvais ça plutôt comique : c'était de l'obstination. Je pensai :

« Faut-il être têtu!... » Et une drôle de gaieté m'envahit.

Ils vinrent me chercher et me ramenèrent auprès des deux

reiben würden, und so hofften sie, mich mürbe zu machen.

Da irrten sie sich aber. In der Wäschekammer setzte ich mich auf einen Schemel, weil ich mich sehr schwach fühlte, und begann nachzudenken. Aber nicht über ihren Vorschlag. Natürlich wusste ich, wo Gris war: er hielt sich bei seinen Vettern versteckt, vier Kilometer außerhalb der Stadt. Ich wusste auch, dass ich sein Versteck nicht verraten würde, außer wenn sie mich folterten (aber daran schienen sie nicht zu denken). Das alles war vollständig geregelt, endgültig, und interessierte mich nicht im geringsten. Einzig die Gründe meines Verhaltens hätte ich gerne begriffen. Ich zog es vor, zu sterben, anstatt Gris auszuliefern. Warum? Ich liebte Ramon Gris nicht mehr. Meine Freundschaft für ihn war kurz vor Tagesanbruch gestorben, zur gleichen Zeit wie meine Liebe zu Concha, zur gleichen Zeit wie mein Verlangen, zu leben. Gewiss achtete ich ihn noch; er war ein ganzer Kerl. Aber das war nicht der Grund, weshalb ich es auf mich nahm, an seiner Stelle zu sterben; sein Leben hatte nicht mehr Wert als das meine; kein Leben hatte einen Wert. Man würde einen Menschen an eine Mauer stellen und auf ihn schießen, bis er kaputt war: ob ich es war oder Gris oder ein anderer, blieb sich gleich. Ich wusste wohl, dass er für die Sache Spaniens nützlicher war als ich, aber ich pfiff auf Spanien und die ganze Anarchie: nichts hatte mehr Bedeutung. Und dennoch war ich hier und konnte meine Haut retten, wenn ich Gris auslieferte, und ich weigerte mich, es zu tun. Ich fand das eher komisch: es war purer Eigensinn.

„Wie eigensinnig ich doch bin!" dachte ich. Und eine seltsame Lustigkeit kam über mich.

Sie holten mich und brachten mich wieder vor die beiden

officiers. Un rat partit sous nos pieds et ça m'amusa. Je me
tournai vers un des phalangistes et je lui dis :

« Vous avez vu le rat ? »

Il ne répondit pas. Il était sombre, il se prenait au sérieux.
Moi j'avais envie de rire mais je me retenais parce que j'a-
vais peur, si je commençais, de ne plus pouvoir m'arrêter.
Le phalangiste portait des moustaches. Je lui dis encore :

« Il faut couper tes moustaches, ballot. »

Je trouvais drôle qu'il laissât de son vivant les poils enva-
hir sa figure. Il me donna un coup de pied sans grande con-
viction, et je me tus.

« Eh bien, dit le gros officier, tu as réfléchi ? »

Je les regardai avec curiosité, comme des insectes d'une
espèce très rare. Je leur dis :

« Je sais où il est. Il est caché dans le cimetière. Dans un
caveau ou dans la cabane des fossoyeurs. »

C'était pour leur faire une farce. Je voulais les voir se
lever, boucler leurs ceinturons et donner des ordres d'un air
affairé.

Ils sautèrent sur leurs pieds.

« Allons-y. Moles, allez demander quinze hommes au
lieutenant Lopez. Toi, me dit le petit gros, si tu as dit la vérité, je n'ai qu'une parole. Mais tu le paieras cher si tu t'es
fichu de nous. »

Ils partirent dans un brouhaha et j'attendis paisiblement
sous la garde des phalangistes. De temps en temps je sou-
riais parce que je pensais à la tête qu'ils allaient faire. Je me
sentais abruti et malicieux. Je les imaginais, soulevant les

Offiziere. Eine Ratte sprang unter unseren Füßen weg, auch das fand ich lustig. Ich wandte mich zu einem der Falangisten und sagte:

„Haben Sie die Ratte gesehen?"

Er antwortete nicht. Er sah düster drein, er nahm sich ernst. Ich dagegen hatte Lust, zu lachen, doch ich hielt mich zurück, weil ich fürchtete, nicht mehr aufhören zu können, wenn ich einmal anfing. Der Falangist trug einen Schnurrbart.

„Du musst dir den Schnurrbart schneiden, du Blödmann."

Ich fand es komisch, dass er sich bei lebendigem Leib das Gesicht von Haaren überwuchern ließ. Er gab mir einen Fußtritt, ohne rechte Überzeugung, und ich schwieg.

„Na, und?" fragte der dicke Offizier, „hast du dir's überlegt?"

Ich betrachtete sie neugierig, als seien es Insekten einer höchst seltenen Art.

„Ich weiß, wo er ist", sagte ich. „Er ist auf dem Friedhof versteckt. In einer Gruft oder in der Hütte der Totengräber."

Ich wollte ihnen einen Streich spielen. Ich wollte sehen, wie sie sich erhoben, ihre Koppel umschnallten und hastig Befehle erteilten.

Sie sprangen auf.

„Los, Moles! Bitten Sie Leutnant Lopez um fünfzehn Mann. Und du", sagte der kleine Dicke zu mir, „wenn du die Wahrheit gesagt hast, halte ich mein Wort. Aber wenn du uns zum Narren gehalten hast, wirst du es teuer bezahlen."

Sie zogen mit großem Tamtam ab, und ich wartete friedlich unter der Bewachung der Falangisten. Von Zeit zu Zeit lächelte ich, weil ich mir vorstellte, was sie dort für ein Gesicht machen würden. Ich fühlte mich erschöpft und scha-

pierres tombales, ouvrant une à une les portes des caveaux. Je me représentais la situation comme si j'avais été un autre : ce prisonnier obstiné à faire le héros, ces graves phalangistes avec leurs moustaches et ces hommes en uniforme qui couraient entre les tombes ; c'était d'un comique irrésistible.

Au bout d'une demi-heure le petit gros revint seul. Je pensai qu'il venait donner l'ordre de m'exécuter. Les autres devaient être restés au cimetière.

L'officier me regarda. Il n'avait pas du tout l'air penaud.

« Emmenez-le dans la grande cour avec les autres, dit-il. À la fin des opérations militaires un tribunal régulier décidera de son sort. »

Je crus que je n'avais pas compris. Je lui demandai :

« Alors on ne me... on ne me fusillera pas ?...

— Pas maintenant en tout cas. Après, ça ne me regarde plus. »

Je ne comprenais toujours pas. Je lui dis :

« Mais pourquoi ? »

Il haussa les épaules sans répondre et les soldats m'emmenèrent. Dans la grande cour il y avait une centaine de prisonniers, des femmes, des enfants, quelques vieillards. Je me mis à tourner autour de la pelouse centrale, j'étais hébété. À midi on nous fit manger au réfectoire. Deux ou trois types m'interpellèrent. Je devais les connaître, mais je ne leur répondis pas : je ne savais même plus où j'étais.

Vers le soir on poussa dans la cour une dizaine de prisonniers nouveaux. Je reconnus Garcia, le boulanger. Il me dit :

« Sacré veinard! Je ne pensais pas te revoir vivant.

denfroh. Ich stellte mir vor, wie sie alle Grabsteine hoben und die Türen der Grüfte nacheinander öffneten. Ich hielt mir die Situation vor Augen, als wäre ich nicht dabei beteiligt: da war ein Gefangener, der sich versteift, den Helden zu spielen, da waren düstere Falangisten mit Schnurrbärten und uniformierte Männer, die zwischen den Gräbern herumrannten; das alles war von unwiderstehlicher Komik.

Nach einer halben Stunde kam der kleine Dicke allein zurück. Ich dachte, er brächte den Befehl, mich hinzurichten. Die anderen waren wohl auf dem Friedhof geblieben.

Der Offizier betrachtete mich. Er sah gar nicht belämmert aus.

„Führt ihn in den großen Hof zu den anderen", sagte er. „Nach dem Ende der militärischen Operationen wird ein ordentliches Gericht über sein Schicksal befinden."

Ich glaubte, ich hätte nicht recht gehört. Ich fragte ihn:

„Also werde ich... werde ich nicht erschossen?..."

„Jetzt jedenfalls nicht. Ob später, geht mich nichts an."

Ich begriff immer noch nicht.

„Aber warum?" fragte ich.

Er zuckte die Achseln, ohne zu antworten, und die Soldaten führten mich ab. Im großen Hof waren an die hundert Gefangene, Frauen, Kinder, einige alte Männer. Ich begann um die Grasfläche in der Mitte zu trotten, ich war wie benommen. Zu Mittag gab man uns im großen Speisesaal zu essen. Zwei oder drei Kerle sprachen mich an. Ich musste sie kennen, aber ich antwortete nicht. Ich wusste nicht einmal mehr, wo ich war.

Gegend Abend stieß man ein Dutzend neue Gefangene in den Hof. Ich erkannte Garcia, den Bäcker.

„Hast du aber Schwein!" sagte er. „Ich dachte nicht, dass

— Ils m'avaient condamné à mort, dis-je, et puis ils ont changé d'idée. Je ne sais pas pourquoi.

— Ils m'ont arrêté à deux heures, dit Garcia.

— Pourquoi ? »

Garcia ne faisait pas de politique.

« Je ne sais pas, dit-il. Ils arrêtent tous ceux qui ne pensent pas comme eux. »

Il baissa la voix.

« Ils ont eu Gris. »

Je me mis à trembler.

« Quand ?

— Ce matin. Il avait fait le con. Il a quitté son cousin mardi parce qu'ils avaient eu des mots. Il ne manquait pas de types qui l'auraient caché mais il ne voulait plus rien devoir à personne. Il a dit : „ Je me serais caché chez Ibbieta, mais puisqu'ils l'ont pris j'irai me cacher au cimetière."

— Au cimetière ?

— Oui. C'était con. Naturellement ils y ont passé ce matin, ça devait arriver. Ils l'ont trouvé dans la cabane des fossoyeurs. Il leur a tiré dessus et ils l'ont descendu.

— Au cimetière! »

Tout se mit à tourner et je me retrouvai assis par terre : je riais si fort que les larmes me vinrent aux yeux.

Jean-Paul SARTRE, *Le mur*, extrait du *Mur* © Editions GALLIMARD

ich dich lebend wiedersehe."

„Sie hatten mich zum Tod verurteilt", sagte ich, „und dann haben sie es sich anders überlegt. Ich weiß nicht, warum."

„Mich haben sie um zwei Uhr verhaftet", sagte Garcia.

„Warum?"

Garcia war nicht politisch tätig.

„Ich weiß nicht", sagte er. „Sie verhaften alle, die nicht denken wie sie."

Er senkte die Stimme.

„Sie haben Gris erwischt."

Ich begann zu zittern.

„Wann?"

„Heute morgen. Er hat einen Blödsinn gemacht. Er ist am Dienstag von seinem Vetter fortgegangen, weil sie sich gestritten hatten. Es hat nicht an Leuten gefehlt, die ihn versteckt hätten. Aber er wollte niemandem mehr etwas schuldig sein. Er hat gesagt: ‚Ich hätte mich bei Ibbieta versteckt, aber da sie ihn festgenommen haben, werde ich mich auf dem Friedhof verstecken.'"

„Auf dem Friedhof?"

„Ja. Das war blöd. Natürlich sind sie heute früh dort gewesen, das musste so kommen. Sie haben ihn in der Hütte der Totengräber gefunden. Er hat auf sie geschossen, und sie haben ihn heraus geholt."

„Auf dem Friedhof!"

Alles begann sich um mich zu drehen, und ich fand mich auf dem Boden sitzend wieder; ich lachte so maßlos, dass mir Tränen in die Augen kamen.

Marguerite Yourcenar

La Veuve Aphrodissia

Die Witwe Aphrodisia

Marguerite Yourcenar

La Veuve Aphrodissia

On l'appelait Kostis le Rouge parce qu'il avait les cheveux roux, parce qu'il s'était chargé la conscience
d'une bonne quantité de sang versé, et surtout parce qu'il
portait une veste rouge lorsqu'il descendait insolemment à
la foire aux chevaux pour obliger un paysan terrifié à lui
vendre à bas prix sa meilleure monture, sous peine de s'ex-
poser à diverses variétés de morts subites. Il avait vécu terré
dans la montagne, à quelques heures de marche de son village natal, et ses méfaits s'étaient longtemps bornés à divers
assassinats politiques et au rapt d'une douzaine de moutons
maigres. Il aurait pu rentrer dans sa forge sans être inquiété,
mais il était de ceux qui préfèrent à tout la saveur de l'air
libre et de la nourriture volée. Puis deux ou trois meurtres de
droit commun avaient mis sur le pied de guerre les paysans
du village ; ils l'avaient traqué comme un loup et forcé
comme un sanglier. Enfin, ils avaient réussi à s'en saisir
durant la nuit de la Saint-Georges, et on l'avait ramené au
village en travers d'une selle, la gorge ouverte comme une
bête de boucherie, et les trois ou quatre jeunes gens qu'il
avait entraînés dans sa vie d'aventures avaient fini comme
lui, troués de balles et percés de coups de couteau. Les têtes

MARGUERITE YOURCENAR

DIE WITWE APHRODISIA

Sie nannten ihn den roten Kostis, weil sein Haar rot war, weil er eine Menge vergossenen Blutes auf dem Gewissen hatte, vor allem aber, weil er immer eine rote Jacke trug, wenn er keck zum Pferdemarkt hinunterstieg, um dort einen schreckensstarren Bauern zu zwingen, ihm sein bestes Reitpferd billig zu verkaufen, wenn er sich anders nicht dieser oder jener Art eines raschen Todes aussetzen wollte. Er hatte sich, einige Wegstunden von seinem Heimatdorf entfernt, in den Bergwald verkrochen, und lange Zeit hatten sich seine Missetaten auf verschiedene politische Morde und den Raub eines guten Dutzend magerer Schafe beschränkt. Er hätte unbehelligt in seine Räuberhöhle zurückkehren können, aber er gehörte zu den Menschen, denen nichts über den kräftigen Geschmack freier Luft und gestohlener Kost geht. Später hatten zwei, drei Morde, die unter das bürgerliche Strafrecht fielen, die Bauern aus seinem Dorf in Harnisch gebracht. Sie hatten ihn wie einen Wolf gehetzt und wie einen Eber gestellt. In der Sankt-Georgs-Nacht gelang es ihnen endlich, ihn zu ergreifen: Quer über einen Sattel geworfen, die Kehle aufgeschnitten wie bei einem Stück Schlachtvieh, brachten sie ihn ins Dorf zurück, und die drei oder vier jungen Männer, die er in sein Abenteuerleben mitgerissen hatte, waren zugrunde gegangen wie er, von Kugeln durchsiebt, von Messerstichen durchlöchert. Ihre Köpfe, auf Mistgabeln

plantées sur des fourches décoraient la place du village ; les corps gisaient l'un sur l'autre à la porte du cimetière ; les paysans vainqueurs festoyaient, protégés du soleil et des mouches par leurs persiennes fermées ; et la veuve du vieux pope que Kostaki avait assassiné six ans plus tôt, sur un chemin désert, pleurait dans sa cuisine tout en rinçant les gobelets qu'elle venait d'offrir pleins d'eau-de-vie aux paysans qui l'avaient vengée.

La veuve Aphrodissia s'essuya les yeux et s'assit sur l'unique escabeau de la cuisine, appuyant sur le rebord de la table ses deux mains, et sur ses mains son menton qui tremblait comme celui d'une vieille femme. C'était un mercredi, et elle n'avait pas mangé depuis dimanche. Il y avait trois jours aussi qu'elle n'avait pas dormi. Ses sanglots réprimés secouaient sa poitrine sous les plis épais de sa robe d'étamine* noire. Elle s'assoupissait malgré elle, bercée par sa propre plainte ; d'un sursaut, elle se redressa : ce n'était pas encore pour elle le moment de la sieste et de l'oubli. Pendant trois jours et trois nuits, les femmes du village avaient attendu sur la place, piaillant à chaque coup de feu répercuté dans la montagne par l'orage de l'écho ; et les cris d'Aphrodissia avaient jailli plus haut que ceux de ses compagnes, comme il convenait à la femme d'un personnage aussi respecté que ce vieux pope couché depuis six ans dans sa tombe. Elle s'était trouvée mal quand les paysans étaient rentrés à l'aube du troisième jour avec leur charge sanglante sur une mule éreintée, et ses voisines avaient dû la ramener dans la maisonnette où elle habitait à l'écart depuis son veuvage, mais, sitôt revenue à elle, elle avait insisté pour offrir

---

* **étamine:** Etamin, gazeartiges Gewebe aus Baumwolle oder Kunstseide.

gespießt, zierten den Dorfplatz; die Leiber lagen übereinandergeschichtet vor dem Eingang des Friedhofs. Die Bauern feierten ihren Sieg hinter geschlossenen Fensterläden, die sie vor der Sonne und den Fliegen schützten, und die Witwe des alten Popen, den Kostaki vor sechs Jahren auf einem einsamen Weg umgebracht hatte, weinte in ihrer Küche, während sie die Becher spülte, in denen sie den Bauern, ihren Rächern, Schnaps angeboten hatte.

Die Witwe Aphrodisia trocknete sich die Augen und setzte sich auf den einzigen Hocker in der Küche, legte ihre beiden Hände auf den Tischrand und auf die Hände ihr Kinn, das wie bei einer alten Frau zitterte. Es war Mittwoch, und seit Sonntag hatte sie nichts gegessen. Auch geschlafen hatte sie nicht mehr seit drei Tagen. Unterdrücktes Schluchzen schüttelte ihre Brust unter den dicken Falten ihres schwarzen Etamin-Kleides*. Von ihrer eigenen Klage eingeschläfert, nickte sie unwillkürlich ein, aber mit einem Ruck richtete sie sich wieder auf. Sie hatte noch keine Zeit für Mittagsruhe und Vergessen. Drei Tage und drei Nächte lang hatten die Frauen des Dorfes auf dem Platz gewartet und bei jedem Schuss gewinselt, der durch das Sturmgewitter des Echos aus den Bergen widerhallte, und die Schreie Aphrodisias hatten schriller geklungen als die der anderen Weiber, und so gehörte es sich auch für die Frau einer so angesehenen Persönlichkeit, wie es der alte Pope gewesen war, der nun seit sechs Jahren im Grabe lag. Übel war ihr geworden, als die Bauern in der Morgendämmerung des dritten Tages zurückkehrten, die blutige Last über ein kreuzlahmes Maultier geworfen, und ihre Nachbarinnen hatten sie in das kleine Haus zurückführen müssen, in dem sie seit ihrer Witwenschaft abgeschieden lebte; aber sobald

à boire à ses vengeurs. Les jambes et les mains encore tremblantes, elle s'était approchée tout à tour de chacun de ces
hommes qui répandaient dans la chambre une odeur presque
intolérable de cuir et de fatigue, et comme elle n'avait pu
assaisonner de poison les tranches de pain et de fromage
qu'elle leur avait présentées, il lui avait fallu se contenter
d'y cracher à la dérobée, en souhaitant que la lune d'au-
tomne se lève sur leurs tombes.

C'est à ce moment-là qu'elle aurait dû leur confesser toute
sa vie, confondre leur sottise ou justifier leurs pires soupçons,
leur corner aux oreilles cette vérité qu'il avait été à la fois si
facile et si dur de leur dissimuler pendant dix ans : son amour
pour Kostis, leur première rencontre dans un chemin creux,
sous un mûrier où elle s'était abritée d'une averse de grêle,
et leur passion née avec la soudaineté de l'éclair par cette
nuit orageuse ; son retour au village, l'âme tout agitée d'un
remords où il entrait plus d'effroi que de repentir ; la semaine intolérable où elle avait essayé de se priver de cet
homme devenu pour elle plus nécessaire que le pain et l'eau ;
et sa seconde visite à Kostis, sous prétexte d'approvisionner
de farine la mère du pope qui ménageait toute seule une
ferme dans la montagne ; et le jupon jaune qu'elle portait en
ce temps-là, et qu'ils avaient étendu sur eux en guise de couverture, et ç'avait été comme s'ils avaient couché sous un
lambeau de soleil ; et la nuit où il avait fallu se cacher dans
l'étable d'un caravansérail turc abandonné ; et les jeunes
branches de châtaignier qui lui assenaient au passage leurs

sie wieder zu sich gekommen war, hatte sie darauf bestan-
den, ihren Rächern einen Trunk anzubieten. Ihre Hände
und Beine zitterten noch, als sie, einem nach dem anderen,
diesen Männern gegenüberstand, die das Zimmer mit einem
unerträglichen Geruch nach Leder und Müdigkeit füllten,
und da sie die Brot- und Käseschnitten, die sie ihnen reichte, nicht mit Gift würzen konnte, musste sie sich damit
begnügen, heimlich darauf zu spucken und zu wünschen,
der Herbstmond möge über ihren Gräbern aufgehen.

Jetzt, in diesem Augenblick, hätte sie ihnen ihr ganzes
Leben beichten mögen, hätte sie alle ihrer Dummheit über-
führen, ihren bösen Verdacht bestätigen, ihnen die Ohren
vollschreien mögen mit der Wahrheit, die sie ihnen zehn
Jahre lang so leicht und zugleich so schwer hatte verbergen
können: ihre Liebe zu Kostis, ihre erste Begegnung im
Hohlweg unter dem Maulbeerbaum, unter dem sie vor
einem Hagelschauer Schutz gesucht hatte, und ihre
Leidenschaft, die jäh wie der Blitz in dieser Gewitternacht
über sie gekommen war; ihre Rückkehr ins Dorf, als der
Gewissensbiss – es war mehr Schrecken als Reue – ihre
Seele marterte; die unerträgliche Woche, in der sie versucht
hatte, auf diesen Mann zu verzichten, der ihr bald notwen-
diger war als Brot und Wasser; und ihren zweiten Besuch
bei Kostis, unter dem Vorwand, die Mutter des Popen, die
einen Hof im Gebirge ganz allein bewirtschaftete, müsse
mit Mehl versorgt werden; und der gelbe Rock, den sie
damals trug und den sie als Decke über sich gebreitet hatten,
so dass es gewesen war, als hätten sie unter einem
Sonnenstreifen gelegen; und die Nacht, wo sie sich im Stall
einer verlassenen Karawanserei verstecken mussten; und
die jungen Kastanienzweige, die ihnen unterwegs ihre

gifles de fraîcheur ; et le dos courbé de Kostis la précédant
sur les sentiers où le moindre mouvement trop vif risquait
de déranger une vipère ; et la cicatrice qu'elle n'avait pas
remarquée le premier jour, et qui serpentait sur sa nuque ; et
les regards cupides et fous qu'il jetait sur elle comme sur un
précieux objet volé ; et son corps solide d'homme habitué à
vivre à la dure ; et son rire qui la rassurait ; et la façon bien
à lui qu'il avait dans l'amour de balbutier son nom.

Elle se leva et épousseta d'un grand geste le mur blanc où
bourdonnaient deux ou trois mouches. Les lourdes mouches
nourries d'immondices n'étaient pas qu'une vermine un peu
importune dont on supportait sur la peau le va-et-vient mou
et léger : elles s'étaient peut-être posées sur ce corps nu, sur
cette tête saignante ; elles avaient ajouté leurs insultes aux
coups de pieds des enfants et aux regards curieux des femmes. Ah ! si l'on avait pu, d'un simple coup de torchon,
balayer tout ce village, ces vieilles femmes aux langues
empoisonnées comme des dards de guêpes ; et ce jeune prêtre, ivre du vin de la messe, qui tonnait dans l'église contre
l'assassin de son prédécesseur ; et ces paysans acharnés sur
le corps de Kostis comme des frelons sur un fruit gluant de
miel. Ils n'imaginaient pas que le deuil d'Aphrodissia pût
avoir d'autre objet que ce vieux pope caché depuis six ans
dans le coin le plus honorable du cimetière : elle n'avait pu
leur crier qu'elle se souciait de la vie de ce pompeux
ivrogne comme du banc de bois des lieux au fond du jardin.

Frische ins Gesicht schlugen; und Kostis' gebeugter Rücken, wenn er den Weg voranging, auf dem die geringste hastige Bewegung eine Viper aufscheuchen konnte; und die Narbe, die sie am ersten Tag nicht bemerkt hatte, die sich auf seinem Nacken schlängelte; und die gierigen, irren Blicke, die er auf sie wie auf einen kostbaren, gestohlenen Gegenstand warf; und sein kräftiger Körper eines Mannes, der ein hartes Leben gewohnt war; und sein Lachen, das sie beruhigte, und die nur ihm eigene Art, bei der Umarmung ihren Namen zu stammeln.

Sie stand auf und wischte mit großer Armbewegung über die weiße Wand, auf der zwei, drei Fliegen summten. Diese fetten, von Unrat gemästeten Fliegen waren nicht nur das lästige Geschmeiß, das man erträgt, wenn es einem über die Haut kriecht, sie waren vielleicht auf jenem nackten Leib, auf dem blutigen Haupt gesessen und hatten zu den Fußtritten der Kinder und den neugierigen Blicken der Frauen ihren Schimpf hinzugefügt. Ach, könnte man mit dem bloßen Schlag eines Putztuches dieses ganze Dorf hinwegfegen, die alten Weiber, deren Zungen giftig waren wie die Stacheln der Wespen, und den jungen Priester, der in der Kirche, trunken vom Messwein, gegen den Mörder seines Vorgängers donnerte, und die Bauern, die sich blutgierig an Kostis' Körper zu schaffen machten wie Hornissen an einer von Honig klebrigen Frucht. Ihnen kam es nicht in den Sinn, dass Aphrodisias Trauer einem anderen gelten könnte als dem alten Popen, der seit sechs Jahren im ehrenvollsten Winkel des Friedhofs begraben lag: Sie hatte es ihnen nicht ins Gesicht schreien können, dass ihr am Leben dieses protzigen Trunkenboldes nicht mehr lag als an dem Holzsitz in dem gewissen Häuschen hinten im Garten.

Et pourtant, malgré ses ronflements qui l'empêchaient de dormir et sa façon insupportable de se racler la gorge, elle le regrettait presque, ce vieillard crédule et vain qui s'était laissé duper, puis terroriser, avec l'exagération comique d'un de ces jaloux qui font rire sur l'écran des montreurs d'ombres : il avait ajouté un élément de farce au drame de son amour. Et ç'avait été bon d'étrangler les poulets du pope que Kostis emporterait sous sa veste, les soirs où il se glissait à la dérobée jusqu'au presbytère, et d'accuser ensuite les renards de ce larcin. Ç'avait même été bon, une nuit où le vieux s'était levé réveillé par leur babil d'amour sous le platane, de deviner le vieil homme penché à la fenêtre, épiant chaque mouvement de leurs ombres sur le mur du jardin, grotesquement partagé entre la crainte du scandale, celle d'un coup de feu, et l'envie de se venger. La seule chose qu'Aphrodissia eût à reprocher à Kostis, c'était précisément le meurtre de ce vieillard, qui servait malgré lui de couverture à leurs amours.

Depuis son veuvage, personne n'avait soupçonné les rendez-vous dangereux donnés à Kostis pendant les nuits sans lune, de sorte qu'au plat de sa joie avait manqué le piment d'un spectateur. Quand les yeux méfiants des matrones s'étaient posés sur la taille alourdie de la jeune femme, elles s'étaient tout au plus imaginé que la veuve du pope s'était laissé séduire par un marchand ambulant, par un ouvrier de ferme, comme si ces gens-là étaient de ceux avec qui Aphrodissia eût consenti à coucher. Et il avait fallu accepter

Und dennoch, trotz seines Schnarchens, das sie nicht
schlafen ließ, trotz seiner unerträglichen Art, sich zu räu-
spern, hatte er ihr fast leid getan, dieser gutgläubige, eitle
Alte, der sich hinters Licht führen ließ und später, mit der
komischen Übertreibung der Eifersüchtigen, die einen auf
der weißen Wand der Schattenspieler zum Lachen reizen,
den Drohungen nachgab: Er hatte dem Drama ihrer Liebe
einen possenhaften Zug gegeben. Es war schön gewesen,
die Hähnchen des Popen abzustechen, die Kostis unter seiner Jacke davontrug, wenn er sich abends heimlich bis ans
Pfarrhaus schlich, und dann die Schuld an dem Raub dem
Fuchs zuzuschieben. Selbst das war schön gewesen, als
eines Nachts der Alte von ihrem Liebesgeflüster unter der
Platane aufgewacht war und sie errieten, wie der alte Mann
sich zum Fenster hinausbeugte und grotesk schwankend
zwischen der Furcht vor dem Skandal, der Furcht vor einem
Schuss und dem Wunsch, sich zu rächen, jede Bewegung
ihrer Schatten auf der Gartenmauer verfolgte. Das einzige,
was Aphrodisia Kostis vorzuwerfen hatte, war der Mord an
diesem Alten, der unfreiwillig ihrer Liebe als Schutzmantel
gedient hatte.

Niemand hatte, seit Beginn ihrer Witwenschaft, die
gefährlichen Begegnungen, zu denen sie Kostis in mondlo-
sen Nächten rief, auch nur geahnt, und so hatte die Würze
eines Zuschauers am Gericht ihrer Freude gefehlt. Als die
misstrauischen Blicke der Matronen sich auf die schwer
werdende Gestalt der jungen Frau hefteten, vermuteten sie
höchstens, die Witwe des Popen hätte sich von einem fah-
renden Händler oder einem Feldarbeiter verführen lassen,
als ob das Burschen gewesen wären, mit denen sich
Aphrodisia eingelassen hätte. Und sie musste diesen

avec joie ces soupçons humiliants et ravaler son orgueil avec plus de soin encore qu'elle retenait ses nausées. Et lorsqu'elles l'avaient revue quelques semaines plus tard, le ventre plat sous ses jupons lâches, toutes s'étaient demandé ce qu'Aphrodissia avait bien pu faire pour se débarrasser si facilement de son fardeau.

Personne ne s'était douté que la visite au sanctuaire de Saint-Loukas n'était qu'un prétexte, et qu'Aphrodissia était restée terrée à quelques lieues du village, dans la cabane de la mère du pope qui consentait maintenant à cuire le pain de Kostis et à raccommoder sa veste. Ce n'était pas que la Très-Vieille eût le cœur tendre, mais Kostis l'approvisionnait d'eau-de-vie, et puis, elle aussi, dans sa jeunesse, elle avait aimé l'amour. Et c'était là que l'enfant était venu au monde, et qu'il avait fallu l'étouffer entre deux paillasses, faible et nu comme un chaton nouveau-né, sans avoir pris la peine de le laver après sa naissance.

Enfin, il y avait eu l'assassinat du maire par un des compagnons de Kostis, et les maigres mains de l'homme aimé serrées de plus en plus hargneusement sur son vieux fusil de chasse, et ces trois jours et ces trois nuits où le soleil semblait se lever et se coucher dans le sang. Et ce soir, tout finirait par un feu de joie pour lequel les bidons d'essence étaient déjà rassemblés à la porte du cimetière ; Kostis et ses compagnons seraient traités comme ces charognes de mules qu'on arrose de pétrole pour ne pas se donner la peine de les mettre en terre, et il ne restait plus à Aphrodissia que quelques heures de grand soleil et de solitude pour mener son deuil.

beschämenden Verdacht noch freudig aufnehmen und ihren Stolz sorgfältiger verbergen als ihre Übelkeit. Und als sie sie ein paar Wochen später mit schlankem Leib und weit fallenden Röcken wiedersahen, fragten sich alle, wie Aphrodisia es angestellt haben mochte, sich ihrer Last so leicht zu entledigen.

Niemand kam auf den Gedanken, die Reise zum Gnadenort des heiligen Lukas könnte nur ein Vorwand gewesen sein und Aphrodisia sich wenige Meilen vom Dorf entfernt in der Hütte der Mutter des Popen verborgen haben, die bereit gewesen war, für Kostis Brot zu backen und seine Jacke zu flicken. Nicht, dass die Alte milden Herzens gewesen wäre, aber Kostis versorgte sie mit Schnaps, und schließlich hatte auch sie in ihrer Jugend die Liebe geliebt. Und hier war das Kind zur Welt gekommen, hier musste es, schwach und nackt wie ein neugeborenes Kätzchen, zwischen zwei Strohsäcken erstickt werden. Sie hatten sich nicht einmal die Mühe gemacht, es nach der Geburt zu waschen.

Dann war da der Mord am Bürgermeister, von einem von Kostis' Gefährten begangen, da waren die mageren Hände des geliebten Mannes, die sich immer erbitterter um sein altes Jagdgewehr schlossen, und die drei Tage und Nächte, während derer die Sonne in Blut auf- und unterzugehen schien. Und heute abend würde alles mit einem Freudenfeuer enden, zu dem die Benzinkanister schon an der Tür des Friedhofs bereitstanden. Man würde mit Kostis und seinen Gefährten wie mit Maultierkadavern verfahren, die man mit Petroleum übergießt, damit man sie nicht zu beerdigen braucht, und Aphrodisia blieben nur noch ein paar Stunden praller Sonne und Einsamkeit, um ihm die letzte Ehre zu erweisen.

Elle souleva le loquet et sortit sur l'étroit terre-plein qui la séparait du cimetière. Les corps entassés gisaient contre le mur de pierres sèches, mais Kostis n'était pas difficile à reconnaître ; il était le plus grand, et elle l'avait aimé. Un paysan avide lui avait enlevé son gilet pour s'en parer le dimanche ; des mouches collaient déjà aux pleurs de sang des paupières ; il était quasi nu. Deux ou trois chiens léchaient sur le sol des traces noires, puis, pantelants, retournaient se coucher dans une mince bande d'ombre. Le soir, à l'heure où le soleil devient inoffensif, de petits groupes de femmes commenceraient à s'assembler sur cette étroite terrasse ; elles examineraient la verrue que Kostis portait entre les deux épaules. Des hommes à coups de pied retourneraient le cadavre pour imbiber d'essence le peu de vêtements qu'on lui avait laissé ; on déboucherait les bidons avec la grosse joie de vendangeurs débondant un fût. Aphrodissia toucha la manche déchirée de la chemise qu'elle avait cousue de ses proches mains pour l'offrir à Kostis en guise de cadeau de Pâques, et reconnut soudain son nom gravé par Kostaki au creux du bras gauche. Si d'autres yeux que les siens tombaient sur ces lettres maladroitement tracées en pleine peau, la vérité illuminerait brusquement leurs esprits comme les flammes de l'essence commençant à danser sur le mur du cimetière. Elle se vit lapidée, ensevelie sous les pierres. Elle ne pouvait pourtant pas arracher ce bras qui l'accusait avec tant de tendresse, ou chauffer des fers pour oblitérer ces marques qui la perdaient. Elle ne pouvait pourtant pas infliger une blessure à ce corps qui avait déjà tant saigné.

Sie schob den Riegel zurück und trat auf die schmale Aufschüttung, die sie vom Friedhof trennte. Die übereinandergeschichteten Leiber lagen an der Ziegelmauer, und Kostis war unschwer unter ihnen zu erkennen: er war der größte, und sie hatte ihn geliebt. Ein habgieriger Bauer hatte ihm die Weste ausgezogen, um am Sonntag mit ihr zu prunken. Fliegen klebten an den Bluttränen seiner Wimpern; er war fast nackt. Zwei, drei Hunde beleckten die schwärzlichen Spuren auf dem Boden und legten sich dann wieder hechelnd in einen schmalen Streifen Schatten. Gegen Abend, wenn die Sonne nicht mehr gefährlich wäre, würden kleine Gruppen von Frauen sich auf diesem Geviert einfinden; sie würden die Warze zwischen Kostis' Schultern untersuchen. Mit Fußtritten würden die Männer die Leiche umdrehen, um das wenige an Kleidung, das man ihm gelassen hatte, mit Benzin zu durchtränken; man würde die Kanister mit der gleichen lärmenden Freude aufdrehen, mit der die Winzer ein Fass anstechen. Aphrodisia berührte den zerrissenen Ärmel des Hemdes, das sie eigenhändig als Ostergeschenk für Kostis genäht hatte, und plötzlich erkannte sie in der Beuge seines linken Armes ihren Namen, den er sich dort eintätowiert hatte. Wenn andere Blicke als die ihren auf diese ungeschickt, tief in die Haut gezeichneten Buchstaben fielen, würde die Wahrheit mit einem Schlag den Bauern den Geist erleuchten wie die Benzinflammen die Mauer, vor der sie zu tanzen begännen. Schon sah sie sich gesteinigt, begraben unter einem Haufen Steine. Sie konnte aber doch diesen Arm, der sie so zärtlich anklagte, nicht ausreißen oder ein Eisen glühend machen, um dieses Merkmal, das ihr zum Verhängnis wurde, zu tilgen. Sie konnte doch diesem Körper, der schon so viel gelitten hatte, nicht noch eine Wunde zufügen.

Les couronnes de fer-blanc qui encombraient la tombe du pope Etienne miroitaient de l'autre côté du mur bas de l'enclos consacré, et ce monticule bossué lui rappela brusquement le ventre adipeux du vieillard. Après son veuvage, on avait relégué la veuve du défunt pope dans cette cahute à deux pas du cimetière : elle ne se plaignait pas de vivre dans ce lieu isolé où ne poussaient que des tombes, car parfois Kostis avait pu s'aventurer à la nuit tombée sur cette route où ne passait personne de vivant, et le fossoyeur qui habitait la maison voisine était sourd comme un mort. La fosse du pope Etienne n'était séparée de la cahute que par le mur du cimetière, et ils avaient eu l'impression de continuer leurs caresses à la barbe du fantôme. Aujourd'hui, cette même solitude allait permettre à Aphrodissia de réaliser un projet digne de sa vie de stratagèmes et d'imprudences, et, poussant la barrière de bois éclatée par le soleil, elle s'empara de la pelle et de la pioche du fossoyeur.

La terre était sèche et dure, et la sueur d'Aphrodissia coulait plus abondante que n'avaient été ses larmes. De temps à autre, la pelle sonnait sur une pierre, mais ce bruit dans ce lieu désert n'alerterait personne, et le village tout entier dormait après avoir mangé. Enfin, elle entendit sous la pioche le son sec du vieux bois, et la bière du pope Etienne, plus fragile qu'une table de guitare, se fendit sous la poussée, révélant le peu d'os et de chasuble fripée qui restaient du vieillard. Aphrodissia fit de ces débris un tas

Die Blechkränze, die sich auf dem Grab des Popen Stephan türmten, blitzten über die niedrige Mauer der geweihten Einfriedung herüber, und die runde Beule des Grabhügels erinnerte sie plötzlich an den fetten Bauch des Alten. Seit sie Witwe des verstorbenen Popen war, hatte man sie in diese Hütte, zwei Schritte vom Friedhof, verbannt. Sie beklagte sich nicht, dass sie an diesem abgeschiedenen Ort wohnen musste, an dem nur die Gräber wuchsen, denn hin und wieder hatte sich Kostis bei einbrechender Nacht auf diesen Weg wagen können, auf dem um diese Zeit keine lebende Seele mehr ging, und der Totengräber, der im Nachbarhaus wohnte, war so taub wie ein Toter. Das Grab des Popen Stephan war nur durch die Friedhofsmauer von ihrer Hütte getrennt, und so war es den beiden vorgekommen, als setzten sie ihre Liebkosungen unter dem Bart des Verstorbenen fort. Diese Einsamkeit würde Aphrodisia auch heute erlauben, einen Plan auszuführen, der ihres an Listen und Unvorsichtigkeiten reichen Lebens würdig war. Sie öffnete das von der Sonne rissige Holzgatter und ergriff die Schaufel und den Pickel des Totengräbers.

Die Erde war trocken und hart, und reichlicher, als ihre Tränen geflossen waren, rann Schweiß an Aphrodisia herab. Von Zeit zu Zeit klirrte die Schaufel auf einem Stein, aber dieses Geräusch schreckte an diesem verlassenen Ort niemanden auf, das ganze Dorf schlief nach dem Mittagessen. Endlich hörte sie den trockenen Ton alten Holzes unter dem Pickel, und ihrem Druck nachgebend, sprang des Popen Stephan Sarg auf, der zerbrechlicher war als das Spielbrett einer Gitarre, und ließ das wenige, das von den Gebeinen und dem zerschlissenen Messgewand des Alten übriggeblie-

qu'elle repoussa soigneusement dans un coin du cerceuil et traîna par les aisselles le corps de Kostis vers la fosse. L'amant de jadis dépassait le mari de toute la tête, mais le cerceuil serait assez grand pour Kostis décapité. Aphrodissia referma le couvercle, entassa à nouveau la terre sur la tombe, recouvrit le monticule fraîchement remué à l'aide des couronnes achetées jadis à Athènes aux frais des paroissiens, égalisa la poussière du sentier où elle avait traîné son mort. Un corps manquait maintenant au monceau qui gisait à l'entrée du cimetière, mais les paysans n'ailaient pourtant pas fouiller dans toutes les tombes afin de le retrouver.

Elle s'assit toute haletante et se releva presque aussitôt, car elle avait pris goût à sa besogne d'ensevelisseuse. La tête de Kostis était encore la-haut, exposée aux insultes, piquée sur une fourche à l'endroit où le village cède la place aux rochers et au ciel. Rien n'était fini tant qu'elle n'avait pas terminé son rite de funérailles, et il fallait se hâter de profiter des heures chaudes où les gens barricadés dans leurs maisons dorment, comptent leurs drachmes, font l'amour et laissent au-dehors la place libre au soleil.

Contournant le village, elle prit pour monter au sommet le raidillon le moins fréquenté. De maigres chiens somnolaient dans l'ombre étroite des seuils ; Aphrodissia leur lançait un coup de pied en passant, dépensant sur eux la rancune qu'elle ne pouvait assouvir sur leurs maîtres. Puis, comme l'une de ces bêtes se levait toute hérissée, avec un long gémissement, elle dut s'arrêter un instant pour l'apai-

ben war, zum Vorschein kommen. Aphrodisia scharrte die Überreste zu einem Häuflein zusammen, das sie sorgfältig in die eine Ecke des Sarges schob, und zog Kostis' Leib an den Achseln in das Grab. Der ehemalige Geliebte hatte den Gatten um Haupteslänge überragt, aber für den geköpften Kostis war der Sarg groß genug. Aphrodisia schloss wieder den Deckel, warf die Erde in das Grab zurück, bedeckte den frisch umgebrochenen Hügel mit den Kränzen, die sie einst auf Kosten der Gemeinde in Athen gekauft hatte, und ebnete den Sand auf dem Weg, über den sie den Toten geschleift hatte. Ein Körper fehlte nun in dem Haufen, der am Eingang des Friedhofs lag, aber die Bauern würden kaum alle Gräber durchsuchen, um ihn wiederzufinden.

Keuchend setzte sie sich, aber fast sofort stand sie wieder auf, denn nun hatte sie an ihrem Werk als Totengräberin Geschmack gefunden. Noch steckte Kostis' Kopf, auf eine Mistgabel gespießt, den Schmähungen ausgesetzt, dort oben, wo das Dorf in Felsen und Himmel übergeht. Nichts war getan, solange sie ihren Bestattungsritus nicht beendet hatte, und sie musste sich beeilen, um die heißen Stunden auszunützen, wo die Leute, in ihre Häuser verschanzt, schlafen, ihre Drachmen zählen oder sich der Liebe hingeben und den Platz der Sonne überlassen.

Sie schlug einen Bogen um das Dorf, sie wählte den am wenigsten begangenen Weg, um auf die höchste Erhebung des Dorfes zu gelangen. Magere Hunde dösten im Schatten der Schwellen; Aphrodisia versetzte ihnen im Vorbeigehen Fußtritte und machte auf diese Weise der Erbitterung Luft, die sie an den Herren der Hunde nicht auslassen konnte. Als aber eines der Tiere sich mit gesträubtem Haar und langgezogenem Heulen aufrichtete, musste sie einen Augenblick

ser à force de flatteries et de caresses. L'air brûlait comme
un fer porté au blanc, et Aphrodissia ramena son châle sur
son front, car il ne s'agissait pas de tomber foudroyée avant
d'avoir terminé sa tâche.

Le sentier débouchait enfin sur une esplanade blanche et
ronde. Plus haut, il n'y avait que de grands rochers creusés
de cavernes où ne se risquaient que des désespérés comme
Kostis, et d'où les étrangers s'entendaient rappeler par la
voix âpre des paysans dès qu'ils faisaient mine de s'y aventurer. Plus haut encore, il n'y avait que les aigles et le ciel,
dont les aigles seuls savent les pistes. Les cinq têtes de
Kostis et de ses compagnons faisaient sur leurs fourches les
différentes grimaces que peuvent faire des morts. Kostis serrait les lèvres comme s'il méditait un problème qu'il n'avait
pas eu le temps de résoudre dans la vie, tel que l'achat d'un
cheval ou la rançon d'une nouvelle capture, et, seul d'entre
ses amis, la mort ne l'avait pas beaucoup changé, car il avait
toujours été naturellement très pâle. Aphrodissia saisit la
tête qui s'enleva avec un bruit de soie qu'on déchire. Elle se
proposait de la cacher chez elle, sous le sol de la cuisine, ou
peut-être dans une caverne dont elle seule avait le secret, et
elle caressait ce débris en lui assurant qu'ils étaient sauvés.

Elle alla s'asseoir sous le platane qui poussait en contre-
bas de la place, dans le terrain du fermier Basile. Sous ses
pieds, les rochers dévalaient rapidement vers la plaine, et les
forêts tapissant la terre faisaient de loin l'effet de mousses
minuscules. Tout au fond, on apercevait la mer entre deux

stehen bleiben, um es durch Streicheln und Tätscheln wieder zu beruhigen. Die Luft brannte wie weißglühendes Eisen, und Aphrodisia zog ihren Schal über die Stirn, denn es durfte nicht sein, dass der Sonnenblitz sie fällte, ehe sie ihr Werk beendet hatte.

Der Pfad mündete in einen weißen runden, freien Platz. Weiter oben waren nur noch hohe Felsen und Höhlen, in die allenfalls Vogelfreie wie Kostis sich hineinwagten und aus denen die Bauern die Fremden mit rauher Stimme zurückriefen, wenn sie Anstalten machten, sie aufzusuchen. Darüber aber war nur noch der Himmel zu sehen und die Adler, die seine Bahnen kennen. Die Köpfe Kostis' und seiner vier Gefährten schnitten auf ihren Mistgabeln Fratzen, wie Tote sie schneiden können. Kostis hatte die Lippen zusammengepresst, als ob er über ein Problem nachdächte, das zu lösen er im Leben keine Zeit mehr gehabt hätte: vielleicht über den Kauf eines Pferdes oder über das Lösegeld für einen neuen Fang. Er war der einzige unter seinen Freunden, den der Tod nicht sehr verändert hatte, denn er war von Natur aus sehr blass gewesen. Aphrodisia ergriff den Kopf, der sich mit einem Geräusch wie von zerreißender Seide von den Zinken löste. Sie hatte vor, ihn unterm Küchenboden zu verstecken oder in einer Höhle, von der niemand außer ihr wusste, und sie liebkoste diesen Rest und beteuerte ihm, dass sie nun gerettet seien.

Sie setzte sich unter eine Platane, die auf der gegenüberliegenden Seite des Platzes auf dem Grundstück des Bauern Basilios stand. Vor ihren Füßen fielen die Felsen schwindelnd ins Tal ab, auf die Ebene zu, und die Wälder, die dort die Erde wie mit Teppichen belegten, wirkten von fern wie Zwergmoos. Weit draußen, zwischen den zwei

lèvres de la montagne, et Aphrodissia se disait que si elle avait pu décider Kostis à s'enfuir sur ces vagues, elle ne serait pas obligée de dodeliner en ce moment sur ses genoux une tête striée de sang. Ses lamentations, contenues depuis l'origine de son malheur, éclatèrent en sanglots véhéments comme ceux des pleureuses de funérailles, et les coudes aux genoux, les mains appuyées contre ses joues humides, elle laissait couler ses larmes sur le visage du mort.

« Holà, voleuse, veuve de prêtre, qu'est-ce que tu fais dans mon verger? »

Le vieux Basile, armé d'une serpe et d'un bâton, se penchait au haut de la route, et son air de méfiance et de fureur ne parvenait qu'à le rendre encore plus pareil à un épouvantail. Aphrodissia se leva d'un bond, couvrant la tête de son tablier :

« Je ne t'ai volé qu'un peu d'ombre, oncle Basile, un peu d'ombre pour me rafraîchir le front.

— Qu'est-ce que tu caches dans ton tablier, voleuse, veuve de rien? Une citrouille? Une pastèque?

— Je suis pauvre, oncle Basile, et je n'ai pris qu'une pastèque bien rouge. Rien qu'une pastèque rouge avec des grains noirs au fond.

— Montre-moi ça, menteuse, espèce de taupe noire, et rends-moi ce que tu m'as volé. »

Le vieux Basile s'engagea sur la pente en brandissant son bâton. Aphrodissia se mit à courir du côté du précipice, tenant dans les mains les coins de son tablier. La pente devenait de plus en plus rude, le sentier de plus en plus glissant, comme si le sang du soleil, prêt à se coucher, en avait poissé

Lippen der Berge, war das Meer zu sehen, und Aphrodisia
sagte sich, dass sie jetzt nicht Kostis' blutüberströmtes
Haupt auf ihren Knien zu wiegen brauchte, wenn sie ihn
dazu hätte bringen können, auf diesen Wellen zu entfliehen.
Der ganze Jammer, den sie seit dem Beginn ihres Unglücks
zurückgedrängt hatte, brach mit dem wilden Schluchzen der
Klageweiber aus ihr hervor. Die Ellenbogen auf die Knie
gestützt, die feuchten Wangen in die Hände geschmiegt, ließ
sie ihre Tränen über das Gesicht des Toten fließen.

„Heda, Diebin, Popenwitwe, was machst du in meinem
Garten?"

Der alte Basilios, mit Hippe und Stock ausgerüstet, beugte sich von der Straße zu ihr herab, und seine misstrauische
und zornige Miene machte ihn einem Schreckgespenst noch
ähnlicher als sonst. Mit einem Satz sprang Aphrodisia auf
und deckte die Schürze über den Kopf:

„Ich habe dir nur ein wenig Schatten gestohlen, Onkel
Basilios, ein kleines bisschen Schatten, um mir die Stirn zu
kühlen."

„Und was hast du unter deiner Schürze versteckt, Diebin,
Lumpenwitwe? Einen Kürbis? Eine Melone?"

„Ich bin arm, Onkel Basilios, ich habe nichts genommen
als eine rote Melone. Nur eine rote Melone mit schwarzen
Kernen."

„Zeig sie mir, Lügnerin, schwarzer Maulwurf, und gib
mir zurück, was du gestohlen hast."

Den Stock schwingend kam der alte Basilios den Abhang
herunter. Aphrodisia begann am Rand des Abgrunds ent-
langzulaufen, in den Händen hielt sie die Zipfel der
Schürze. Immer steiler wurde der Abstieg, immer glatter der
Pfad, als hätte die untergehende Sonne die Steine mit Blut

les pierres. Depuis longtemps, Basile s'était arrêté et hurlait à pleine voix pour avertir la fuyarde de revenir en arrière, le sentier n'était plus qu'une piste, et la piste un éboulis de rochers. Aphrodissia l'entendait, mais de ces paroles déchiquetées par le vent elle ne comprenait que la nécessité d'échapper au village, au mensonge, à la lourde hyprocrisie, au long châtiment d'être un jour une vieille femme qui n'est plus aimée. Une pierre enfin se détacha sous son pied, tomba au fond du précipice comme pour lui montrer la route, et la veuve Aphrodissia plongea dans l'abîme et dans le soir, emportant avec elle la tête barbouillée de sang.

Marguerite YOURCENAR, *La veuve Aphrodissia*, extrait du *Nouvelles Orientales* © Editions GALLIMARD

beschmiert. Längst war Basilios stehen geblieben, um mit lautem Schreien die Flüchtige zur Umkehr zu bewegen. Der Pfad war nur noch eine Fußspur, die Fußspur Geröll. Aphrodisia hörte ihn, aber was sie seinen vom Wind zerfetzten Worten entnahm, war nur eines: die Notwendigkeit, dem Dorf, der Lüge, der drückenden Heuchelei zu entrinnen und der langen Sühne, eines Tages eine alte Frau zu sein, die keiner mehr liebt. Ein Stein löste sich unter ihrem Fuß und fiel in den Abgrund, wie um ihr den Weg zu weisen. Da sprang die Witwe Aphrodisia mitsamt dem blutbefleckten Haupt in die Tiefe und in den Abend hinab.

Marcel Aymé

Conte
du Milieu

Ein Märchen
aus dem Milieu

I.N. 04

Marcel Aymé

Conte du Milieu

La maison close allait fermer ses portes pour toujours et, dans quelques heures, ses persiennes s'ouvriraient toutes grandes, trahissant le mystère qui avait ému si longtemps l'imagination des adolescents et des ménagères du quartier. Le dernier client venait de franchir la porte grillée, sous le gros numéro de la lanterne rouge dont la lueur pâlissait dans une aube encore mélangée. Assise au comptoir-caisse, Madame regardait avec une tendresse désespérée le cher troupeau des pensionnaires rassemblées dans un coin de l'estaminet, où elles parlaient à voix basse en attendant le moment des adieux. Plusieurs d'entre elles avaient les yeux rouges, d'autres frissonnaient, glacées jusqu'au cœur par l'affreuse agonie de la maison.

M. Jean, avec le calme dont il ne se départait jamais, entra dans la salle et, d'un geste lent, plein de grandeur, déposa son casse-tête sur le comptoir. S'étant tourné vers Madame, ils échangèrent un regard d'une poignante douceur. Les pensionnaires considéraient avec émotion ce couple exemplaire parvenu aux plus hautes destinées et qu'une loi inhumaine[*] dépossédait de tout ce qui avait été sa fierté et sa raison de vivre.

---

[*] **loi inhumaine:** Mit dem unmenschlichen Gesetz ist das Marthe-Richard-Gesetz aus dem Jahr 1946 gemeint, das die sogenannten „geschlossenen Häuser" der Prostitution abschaffte.

Marcel Aymé

Ein Märchen aus dem Milieu

Das Freudenhaus musste seine Pforten für immer schließen. In wenigen Stunden würden seine Jalousien hochgezogen werden und das Geheimnis preisgeben, das so lange Zeit die Phantasie aller Jünglinge und Hausfrauen im Viertel beschäftigt hatte. Soeben hatte der letzte Kunde das Haus verlassen. Das Licht der roten Laterne mit der großen Hausnummer über der vergitterten Tür verblasste im trüben Morgengrauen. An der Kasse saß Madame und betrachtete mit trauriger Zärtlichkeit die liebe Schar ihrer Mädchen, die sich in einer Ecke des Ausschanks versammelt hatten, leise miteinander sprachen und auf den Augenblick des Abschieds warteten. Einige hatten rotgeweinte Augen, andere fröstelten am ganzen Leibe, so sehr setzte ihnen die schreckliche Agonie des Hauses zu.

Mit der gewohnten Ruhe, die ihn niemals verließ, betrat Monsieur Jean den Raum und legte mit einer langsamen, hoheitsvollen Geste seinen Totschläger auf die Theke. Er wandte sich Madame zu, und sie tauschten einen herzzerreißend zärtlichen Blick. Gerührt betrachteten die Mädchen dieses vorbildliche Paar, das es so weit gebracht hatte und dem ein unmenschliches Gesetz* jetzt alles raubte, was einst sein Stolz und Lebenszweck gewesen war.

Après leur avoir adressé des paroles d'adieu et de remer-
ciement, M. Jean les retint à prendre une coupe de champagne et, attention délicate, recommanda de ne pas se laisser
aller à la tristesse des derniers instants. On fit marcher le
piqueupe et on dansa quelques danses, à vrai dire sans beaucoup d'entrain. Quand le Champagne eut coulé, les petites se
mirent à chanter, chacune à son tour, de jolies chansons
pleines de verdure et de sentiment, qui furent écoutées avec
plaisir. En dernier lieu, Liliane se fit entendre dans *Le Temps
des cerises,* et les pensionnaires demandèrent ensuite à
Madame de vouloir bien leur chanter quelque chose. Avec
une grande énergie, Madame se défendit d'en rien faire. Il est
vrai qu'elle avait une voix d'homme, accordée à sa forte car-
rure, voix rauque et grinçante. Comme on la pressait affec-
tueusement, elle maintint son refus, mais promit de raconter
une histoire. Crachant alors son mégot sur le plancher et ava-
lant un coup de Champagne, elle commença ainsi:

« Il y avait à Paris, dans le quartier de la porte Saint-Martin*, un ogre tout ce qu'il y a de méchant, qui mangeait les
personnes du sexe d'entre quatorze et vingt-cinq ans. A le
voir, comme ça, ni grand ni petit, plutôt trapu et gras du ventre, avec la figure de tout le monde, vous n'auriez jamais dit
un ogre, sauf peut-être cette manière qu'il avait à chaque
instant de passer sa langue sur sa moustache, mais quand
même, allez supposer ! Cet homme-là, un nommé Chalvignac Ernest, tenait un tout petit café, grand comme pas seulement mon mouchoir, qui s'appelait „café de la Belle Jeunesse". Et ça disait bien ce que ça voulait dire, sans en avoir
l'air. Qui venait dans son établissement, il y avait des uns et

---

* **porte Saint-Martin:** Die Porte Saint-Martin, 1674 errichtet, befindet sich an der
Kreuzung von Bd. St. Denis mit Bd. de Strasbourg-Sébastopol.

Nachdem Monsieur Jean ein paar Worte des Abschieds und des Dankes an die Mädchen gerichtet hatte, lud er sie zu einem Glas Champagner ein und empfahl ihnen – sehr feinfühlend und aufmerksam –, sich nicht der Traurigkeit der letzten Minuten hinzugeben. Man legte ein paar Platten auf, tanzte ein wenig, allerdings ohne große Begeisterung. Als der Champagner eingeschenkt war, begannen die Mädchen der Reihe nach zu singen, entzückende Lieder mit viel Natur und Gefühl, wie man sie gerne hört. Als letzte trug Liliane „Die Zeit der Kirschen" vor, und dann baten die Mädchen, Madame möge ebenfalls etwas singen. Madame wehrte energisch ab. Allerdings hatte sie eine rauhe, schnarrende Männerstimme, die zu ihren stämmigen Schultern passte. Sie wurde liebevoll gedrängt und beharrte auf ihrer Weigerung, aber schließlich versprach sie, statt dessen eine Geschichte zu erzählen. Sie spuckte ihren Zigarettenstummel auf den Fußboden, nahm einen Schluck Champagner und begann:

„In der Nähe der Porte Saint-Martin* in Paris lebte ein furchtbar bösartiger Menschenfresser, der alle Personen weiblichen Geschlechtes zwischen vierzehn und fünfundzwanzig Jahren verspeiste. Wenn man ihn so sah, nicht besonders groß, aber auch nicht klein, ziemlich gedrungen und fett, hätte man niemals vermutet, er könnte ein Menschenfresser sein. Höchstens fiel einem auf, dass er die Gewohnheit hatte, sich alle paar Augenblicke mit der Zunge über den Schnurrbart zu fahren, aber wer denkt denn gleich an so etwas! Dieser Mann namens Ernest Chalvignac besaß eine kleines Café, nicht größer als mein Taschentuch, das sich ‚Café zur Schönen Jugend' nannte. Das sagte alles, ohne etwas Bestimmtes zu sagen. Wer dieses Lokal besuch-

des autres, et des unes aussi. Lui, son affaire, c'était les unes, et pas toujours pour les manger, porté qu'il était comme pas un sur la chose de vous savez quoi. Les plus jolies, les plus fondantes, il se les gardait pour le soir dans son lit, et ce qu'il pouvait faire avec elles, je ne vous le dirai pas, vous vous en doutez. En somme, c'était l'ogre vicieux. Dans l'arrière-boutique qui lui servait de chambre à coucher, il avait toujours des mignonnes, quinze ou vingt, des fois davantage, qui attendaient son bon plaisir. Naturellement que je vous vois venir. Vous me direz quinze femmes dans l'arrière-boutique, pas possible en France. Minute. Prenez vos tickets. Ce qu'il faut savoir, c'est qu'un ogre, il possède des moyens à part. Celui-là, imaginez-vous, il avait au doigt un anneau magique. Suffisait qu'avec son anneau, une grosse chevalière en argent, il touche une personne sur la joue en disant tout haut : ,, Calvados, Cognac, Fine Champagne ", et la voilà qui rapetissait à moins du tiers de mon petit doigt. Et pour la ramener à sa taille normale, c'était la même chose, sauf qu'en lui posant sa bague sur la joue il n'avait qu'à dire : ,, Amer, Cinzano, Pernod. " Vous voyez d'ici les facilités. Presque tous les jours, dans le quartier, il y avait une femme portée disparue et personne ne pouvait se douter, pas plus les clients que la police. Au café de la Belle Jeunesse, on en causait souvent et chacun donnait son avis, l'ogre comme les autres. Dans la clientèle... »

Ici, Madame s'interrompit et, comme si elle eût soupçonné les pensionnaires d'écouter son récit d'une oreille distraite, interrogea sévèrement :

« Vous filez le train ?

te? Nun, solche und solche, Ers und Sies. Er hatte es mit den Sies, und nicht immer nur zum Verspeisen, denn er war wild auf gewisse Dinge wie kaum einer. Die hübschesten, saftigsten verwahrte er sich für abends im Bett, und was er da mit ihnen trieb, ich sage euch, das darf ich gar nicht erzählen. Mit einem Wort, er war ein lasterhafter Menschenfresser. Im Hinterzimmer, in dem er auch schlief, hatte er immer fünfzehn bis zwanzig oder noch mehr Schönheiten auf Lager, die für sein Vergnügen sorgen mussten. Ich weiß schon, was jetzt kommt. Ihr werdet sagen, fünfzehn Mädchen im Hinterzimmer, das gibts nicht in Frankreich. Moment. Immer mit der Ruhe. Ihr müsst wissen, dass Menschenfresser über ganz besondere Kräfte verfügen. Unserer hier trug einen Zauberring am Finger, stellt euch vor. Es war ein silberner Siegelring, damit brauchte er einer nur über die Wange zu streichen und ganz laut zu sagen: ‚Calvados, Cognac, Armagnac‘, und sie schrumpfte zusammen, bis sie nur noch ein Drittel so groß war wie mein kleiner Finger. Und um ihr die normale Größe zurückzugeben, war es dasselbe, nur musste er dann sagen: ‚Amer, Cinzano, Pernod‘, wenn er mit dem Ring ihre Wange berührte. Alles weitere war ein Kinderspiel, wie ihr euch denken könnt. Fast jeden Tag verschwand eine gutgebaute Frau aus dem Viertel, und keiner ahnte etwas, weder die Kunden noch die Polizei. Im ‚Café zur Schönen Jugend‘ wurde viel darüber gesprochen, und jeder gab seinen Senf dazu, auch der Menschenfresser. Zur Kundschaft...“

Hier unterbrach sich Madame, denn sie hatte den Eindruck, die Mädchen hörten ihr nur zerstreut zu. Streng fragte sie: „Kommt ihr mit?“

— Ji go !* s'écria l'auditoire pour témoigner de son attention.

— Je vous disais donc, dans la clientèle, il y avait un homme, un jeune, dix-huit ans, qui venait tous les soirs à l'apéritif. Janot la Grimace, on l'appelait, à cause d'un sourire qui lui tordait drôlement la bouche en lui tirant l'œil vers le bas. Sérieux, pas coureur, économe, il n'avait que le travail en tête. Vu ses dix-huit ans, les hommes du coin le mettaient en boîte. « Un demi-sel**, ils disaient entre eux, un barbillon*** qui croit encore qu'il n'y a qu'à se baisser. » Janot la Grimace, il les laissait dire. Il avait quand même sa poupée, une brunette nommée Ramona, qui travaillait en extérieur et qui lui ramenait tous les jours deux cents francs, si pas plus. Deux cents francs par jour, je vous parle d'il y a vingt ans, c'était joli, vous pouvez me croire, surtout pour des jeunes. Sa Ramona, c'était lui qui l'avait dressée, et les bons principes, la bonne mentalité, comment il avait su lui faire entrer. Pas brutal avec les fillettes, remarquez, sauf, bien sûr, son pied dans les fesses quand il le fallait, les femmes il les avait au raisonnement. Les durs de durs, les grands dérouilleurs de première et le revolver dans la poche, c'était pas son genre, à Janot. Sa défense, à lui, c'était la finesse, l'intelligence qui vient de la tête. Dix-huit ans, il était déjà en cheville avec la police, indicateur et mine de rien. Enfin, vous voyez, quelqu'un de bien, Janot la Grimace, et un homme d'avenir. Un soir qu'avec Ramona il sortait de chez l'ogre prendre son pernod, il voit passer une jolie blonde, jeunette, bien roulée, un châssis grand sport et

---

* **ji go:** ein Ausdruck der Argot-Sprache, bedeutet Einverstanden!, Weiter!

** **demi-sel:** (Argot-Sprache) ein kleiner Ganove ohne Durchblick.

*** **barbillon:** (Argot-Sprache) junger Zuhälter.

„Weiter!*" riefen die Zuhörerinnen, um ihre Aufmerksamkeit zu bekunden.

„Zur Kundschaft also gehörte auch ein junger Mann von achtzehn Jahren, der hier jeden Abend seinen Apéritif trank. Man nannte ihn Janot la Grimace wegen seines merkwürdigen Lächelns, das ihm die Lippen verzerrte und ein Auge nach unten zog. Er war seriös, kein Schürzenjäger, sparsam und hatte nur die Arbeit im Kopf. Da er erst achtzehn war, nahmen ihn die Männer an der Theke nicht für voll. ,Ein Halbstarker**', sagten sie unter sich, ,ein Milchbart***, der meint, man brauche sich nur zu bücken.' Janot la Grimace ließ sie reden. Er hatte schließlich seine Puppe, eine Brünette namens Ramona, die Außendienst machte und ihm täglich zweihundert Francs oder mehr nach Hause brachte. Zweihundert Francs, das war vor zwanzig Jahren eine ganz schöne Stange Geld, kann ich euch sagen, vor allem für junge Leute. Er hatte sie sich dressiert, seine Ramona, hatte ihr die richtigen Grundsätze, die richtige Einstellung eingetrichtert. Er war nie grob zu Mädchen, müsst ihr wissen – außer gelegentlich mal einen Tritt in den Hintern, wenn es nicht anders ging –, er packte die Frauen bei der Vernunft. Der Hartgesottene, der Schlägertyp, dem der Revolver locker in der Tasche sitzt, das war nicht Janots Art. Seine Waffe war die Klugheit, die Intelligenz, Köpfchen hatte er. Achtzehn Jahre alt und hatte schon seine Beziehungen zur Polizei, Spitzel war er, und keiner hätte es ihm angesehen. Kurz und gut, ihr seht, ein tüchtiger Mann, dieser Janot, und ein Mann mit Zukunft. Eines Abends kommt er mit Ramona aus dem Café des Menschenfressers, wo er seinen Pernod getrunken hat, da sieht er eine hübsche Blonde vorbeigehen, jung, gut gepolstert, mit einem

de la frimousse, et des roberts qui tendaient l'étoffe du cor-
sage. Il en prend un choc, mais quoi, il ne pouvait pas lâcher
Ramona. Le lendemain, sur le coup de midi, juste au même
endroit, il revoit la blonde. Ah ! cette fois, pardon, il était
tout seul. Le voilà qui pique sur la mésange et qui l'attaque
au boniment. Pensez-vous, elle l'envoie aux frites. „ Fichez-
moi la paix ", elle lui dit comme ça, aussi sec. Et, les jours
suivants, la même chose. Cette fille-là, je vous le dis, c'était
une nature, mais pas éduquée pour un sou. Petite main chez
Lanvin, elle était midinette* en plein qui croyait encore à la
chansonnette du labeur sérieux. La mansarde au sixième
étage, le géranium et le canari, vous voyez le genre que c'é-
tait. Sans compter l'amour, Janot la Grimace, il avait le
cœur gros de voir une si belle fille perdre sa jeunesse dans
un atelier alors qu'au trottoir elle avait tout pour se défen-
dre. Mais la petite main était butée, elle comprenait pas qu'il
voulait son bien. Tellement il était mordu, Janot la Grimace,
qu'avec Ramona il était un peu sur les nerfs. Un jour, à midi,
au milieu du repas, il lui envoie une paire de claques, et pour
trois fois rien, un chapeau qu'elle parlait d'acheter. Le soir,
ils avaient rendez-vous chez l'ogre mais, à l'heure dite, pas
de Ramona et, à l'hôtel, personne non plus. Tout d'abord il
pense qu'elle était partie à cause des deux gifles, mais ce qui
l'étonnait, c'est qu'elle ait laissé ses affaires chez lui.
Comme il en croquait un petit peu, il se renseigne près des
poulets, des fois qu'elle aurait été embarquée par les mœurs.
À la police, on ne savait rien et il commence à se demander
si elle n'était pas disparue comme tant d'autres dans le quar-

---

* **midinette:** Pariser Modistin, Putzmacherin.

Sportchassis erster Güte, einem niedlichen Gesicht und einem Vorbau, dass sich der Stoff der Bluse zum Zerreißen spannt. Es geht ihm durch und durch, aber was wollt ihr, er kann die Ramona nicht einfach stehen lassen. Am nächsten Tag, punkt zwölf, trifft er die Blonde wieder an derselben Stelle. Und diesmal ist er allein. Gleich macht er sich an die Biene ran und spuckt große Töne. Die hat ihn zum Teufel gejagt, kann ich euch sagen. ,Lass mich in Ruhe', sagt sie, einfach so, ganz trocken. Und an den folgenden Tagen dasselbe. Das Mädchen hatte Charakter, sage ich euch, aber Bildung – nicht für einen Sou. Sie war Näherin bei Lanvin, die klassische Midinette*, die noch an das Liedchen von der ehrlichen Arbeit glaubte. Mansarde im sechsten Stock, Geranie und Kanarienvogel – ihr wißt, was ich meine. Ganz abgesehen von der Liebe, Janot tat das Herz weh, als er sah, wie dieses schöne Mädchen seine Jugend in einem Näh-atelier vergeudete, während sie doch alles besaß, um auf der Straße ihren Weg zu machen. Aber die Näherin hatte ein Brett vorm Kopf, sie begriff nicht, dass er ihr Bestes im Sinn hatte. Den Janot hatte es so erwischt, dass er gegen Ramona ziemlich gereizt war. Eines Tages, während des Essens, versetzt er ihr zwei Ohrfeigen – für nichts und wieder nichts, nur weil sie davon gesprochen hat, einen neuen Hut zu kaufen. Abends hatten sie sich beim Menschenfresser verabredet, aber zur vereinbarten Zeit: keine Ramona. Und im Hotel ist sie auch nicht. Zuerst glaubt er, sie sei wegen der zwei Ohrfeigen davongelaufen. Aber dann wundert er sich, dass sie ihre Sachen bei ihm gelassen hat. Das beunruhigt ihn doch ein wenig, und er geht zur Polizei, um sich zu erkundigen, ob man sie vielleicht geschnappt hat. Dort wissen sie von nichts, und er beginnt sich zu fragen, ob sie vielleicht

tier. N'importe comment, c'était un coup dur. Janot la Grimace avait beau avoir des économies, une femme bien dressée qui venait à manquer tout d'un coup, il la sentait passer quand même. Mais, voyez ce que c'est, il en tenait tellement pour la blonde qu'il n'y avait plus qu'elle qui comptait. À force de faire du boniment, il faisait son chemin petit à petit et c'était forcé. Il savait si bien câliner les femmes, cette vache-là. Des petits mots de velours, des petits compliments, des soupirs, des retours de prunelles et son sourire à la grimace, faut pas oublier, qui lui tordait si gentiment la gueule. De fil en aiguille, la mignonne se laissait aller. Une fois, elle lui dit : „ Je m'appelle Riri la Blonde. J'ai seize ans et demi. " Une autre fois, ils prennent l'apéritif ensemble. Et, un samedi soir, elle accepte de passer avec lui la journée du dimanche. Rendez-vous chez l'ogre à 10 heures du matin. Ils iront d'abord au musée Grévin[*], la petite voudrait voir la tête de Landru[**], et puis déjeuner et, l'après-midi, cinéma. Riri la Blonde arrive première au rendez-vous. Janot la Grimace, en débouchant au coin de la rue, la voit entrer au café de la Belle Jeunesse. Il entre à son tour... Vous filez le train ?

— Ji go.

— Il entre à son tour, mais au café de la Belle Jeunesse, point de Riri la Blonde, ni personne que l'ogre derrière son zinc. Janot la Grimace, il pouvait pas en croire ses yeux. Quand même, il se garde bien de poser des questions. Il se fait servir un vin blanc et il cause avec le patron. Au bout d'un moment, il regarde l'heure d'un air ennuyé. „ Rendez-vous ? " lui demande le patron. „ Oui, répond Janot, avec la

---

[*] **musée Grévin:** Pariser Wachsfigurenmuseum am Boulevard Montmartre.
[**] **Landru:** Dieser französische „Blaubart" ermordete zehn Frauen und wurde 1922 hingerichtet.

verschwunden ist wie so viele andere im Viertel. Wie dem auch sei, es war ein harter Schlag. Zwar hatte Janot la Grimace ganz schöne Ersparnisse beiseitegelegt, aber eine gut dressierte Frau, die plötzlich ausfällt, das merkt man doch. Doch er war so verrückt nach der Blonden, dass außer ihr nichts mehr für ihn zählte. Da er sich aufs Angeben verstand, kam er Schritt für Schritt weiter, bis es schließlich geschafft war. Der wusste mit Frauen umzugehen, der Gauner. Zuckersüße Worte, kleine Komplimente, ein Seufzer, ein Augenaufschlag – und nicht zu vergessen sein Grimassenlächeln, das ihm so nett die Fresse schiefzog. Die Kleine lässt sich nach und nach einwickeln. Eines Tages sagt sie zu ihm: ‚Ich heiße Riri la Blonde. Ich bin sechzehneinhalb.‘ Und ein andermal trinken sie zusammen einen Apéritif. Schließlich, an einem Samstagabend, willigt sie ein, den Sonntag mit ihm zu verbringen. Treffpunkt um zehn Uhr beim Menschenfresser. Zuerst wollen sie ins Musée Grévin*, die Kleine möchte gerne den Kopf von Landru** sehen, dann Mittagessen und nachmittags Kino. Riri la Blonde kommt als erste zum Treffen. Als Janot la Grimace um die Ecke biegt, sieht er gerade, wie sie im „Café zur Schönen Jugend" verschwindet. Er geht auch hinein... Kommt ihr mit?"

„Weiter."

„Er geht auch hinein, doch im „Café zur Schönen Jugend" – keine Riri la Blonde, niemand, außer dem Menschenfresser hinter der Theke. Janot la Grimace traut seinen Augen nicht. Aber er hütet sich wohlweislich, Fragen zu stellen. Er lässt sich ein Glas Weißen bringen und plaudert mit dem Wirt. Nach einer Weile sieht er ärgerlich auf die Uhr. ‚Rendezvous?‘ fragt der Wirt. ‚Ja‘, antwortet Janot, ‚mit der

blonde d'hier au soir. Je ne sais pas ce qu'elle fait... " L'ogre lui répond tranquillement : „ Sûrement qu'elle viendra, mais les femmes, c'est toujours en retard. " Pas d'erreur, il y allait au flan parce que, forcément, Riri la Blonde, il l'avait vue. Donc, il ne voulait pas qu'on sache qu'elle était entrée dans l'établissement. Vous imaginez les questions qu'il pouvait se poser, Janot la Grimace. Et toute la journée, il devait remuer ça dans sa tête. Un jour se passe, deux jours se passent, il n'était pas plus avancé. Mais un beau matin, le voilà qui s'habille en femme avec des nippes à Ramona et qui s'annonce au café de l'ogre à l'heure où il était à peu près sûr de le trouver seul. Maquillé, du rouge aux lèvres, les yeux faits, un bon rembourrage sur le torse et un chapeau-cloche qui lui emboîtait la tomate jusqu'au ras des cils, personne n'aurait pu le reconnaître. Et pas mal du tout, en fillette. Bien sûr, l'ogre n'en perdait pas la vue, mais quand même il la trouvait fraîche et bonne pour son garde-manger. Janot la Grimace, il avait toujours été bien en chair. Ce n'était pas l'homme à se laisser aller et même amoureux, il était drôlement de la fourchette. Le voilà donc entré chez l'ogre. Il prend une petite voix flûtée et il commande un café crème. L'ogre prend un verre sur un égouttoir, il manœuvre ses robinets, il fait son mélange, tout ça en traînant les savates, l'air distrait, sans faire plus attention à la cliente que s'il ne l'avait pas remarquée. Janot la Grimace en était même un peu déçu. Le coup est manqué, il pensait. Ça n'empêche pas qu'il ouvrait l'œil. L'ogre pose le café crème sur le zinc et, comme la cliente s'avançait, il lui touche la

Blonden von gestern abend. Ich möchte wissen, wo sie bleibt...' Ganz ruhig antwortet der Menschenfresser: ‚Sie kommt sicher noch, Frauen verspäten sich doch immer.' Kein Zweifel, der flunkerte, denn er musste Riri la Blonde gesehen haben. Also wollte er nicht, dass Janot wusste, dass sie ins Café gekommen war. Ihr könnt euch vorstellen, was ihm das für Rätsel aufgab, dem Janot. Den ganzen Tag ging ihm das alles im Kopf herum. Ein Tag vergeht, noch einer, und er ist immer noch nicht weitergekommen. Schließlich sucht er sich eines schönen Morgens ein paar Fähnchen von Ramona zusammen und verkleidet sich als Frau. Er geht zu einer Zeit ins Café, wo er fast sicher sein kann, den Menschenfresser allein anzutreffen. Kein Mensch hätte ihn erkannt mit den roten Lippen, den geschminkten Augen, vorne gut ausgepolstert, und mit einem Topfhut, der ihm die Birne bis zu den Augenwimpern verdeckte. Er sah gar nicht schlecht aus als Mädchen. Gewiss, der Menschenfresser war nicht gerade entzückt, aber er fand dieses Mädchen recht knusprig und gerade richtig für seine Vorratskammer. Janot la Grimace war schon immer wohlgenährt gewesen. Er war kein Mann, der sich gehenließ; auch wenn er verliebt war, behielt er einen erstaunlich gesunden Appetit. Nun betritt er also das Café des Menschenfressers. Mit hoher Piepsstimme bestellt er sich einen Café crème. Der Menschenfresser nimmt ein Glas vom Spültisch, macht sich herumschlurfend und zerstreut an seinen Hähnen zu schaffen, macht die Mélange, ohne die Kundin zu beachten, so als hätte er sie gar nicht bemerkt. Janot la Grimace ist sogar ein wenig enttäuscht. Fehlschlag, denkt er. Trotzdem hält er die Augen offen. Der Menschenfresser stellt den Milchkaffee auf die Theke, und als die Kundin sich vorbeugt, berührt er ihre Wange mit seinem Ring

joue avec son anneau en disant : „ Calvados, Cognac, Fine
Champagne. " Janot a vu le geste, il a entendu les trois
mots, mais il n'a même pas compris ce qui lui arrivait. Il se
trouve dans la main de l'ogre, puis dans la poche de son
gilet, sans savoir si c'est lui qui a rapetissé ou bien si c'est
l'autre qui a grandi. En tout cas il n'en menait pas large.
L'ogre l'emporte dans sa chambre, il le met dans un saladier
qui se trouvait sur une étagère et il s'en retourne à son zinc.
Janot la Grimace, il comprenait toujours pas. Autour de lui,
il voyait un grand mur circulaire d'au moins dix mètres de
haut et lisse comme une armoire à glace. Un drôle de tabac.
Mais, dans sa prison, il n'était pas seul. Il y avait là une
dizaine de femmes qui s'étaient rassemblées autour de lui et
qui parlaient toutes en même temps. En moins de deux, elles
l'avaient déjà affranchi, que les cheveux lui dressaient sur la
tête sous son chapeau-cloche. Il s'informe de Riri la Blonde,
mais personne ne la connaissait. Probable qu'elle était dans
le saladier d'à côté, celui où l'ogre avait logé les plus jolies
filles pour se les farcir, le cochon. Il s'informe de Ramona.
Celle-là, on l'avait bien connue. L'ogre, justement, il l'avait
mangée hier soir. La chose qu'elle avait le plus regrettée,
c'était de ne pas pouvoir embrasser son petit homme avant
d'y passer. Vous me direz, c'était bien de sa part, mais, figu-
rez-vous, Janot la Grimace, il n'était pas dans le sentiment.
Il pensait d'abord à ce qui l'attendait. Mettez-vous un peu à
sa place. D'abord il n'était pas dans le saladier des favorites.
Il fallait donc prévoir le pire et le pire c'était d'être mangé.
Janot, il décolérait pas. Ce qui le mettait à ressaut, c'est de
penser qu'il s'était perdu à cause d'un minois, en se laissant

und sagt: ‚Calvados, Cognac, Armagnac'. Janot hat seine
Geste gesehen und die drei Worte gehört, aber er begreift
nicht recht, was mit ihm passiert. Plötzlich befindet er sich in
der Hand des Menschenfressers, dann in seiner Westentasche,
und weiß nicht, ist nun er kleiner oder der andere größer
geworden. Jedenfalls ist das nicht zum Lachen. Der Menschenfresser trägt ihn ins Hinterzimmer, steckt ihn in eine
Salatschüssel, die auf einem Regal steht, und geht wieder zu
seiner Theke zurück. Janot la Grimace begriff immer noch
nichts. Um ihn herum erhob sich eine runde Mauer, spiegel-
glatt und mindestens zehn Meter hoch. Da saß er nun ganz
schön in der Klemme! Aber er war nicht allein in seinem
Gefängnis. Etwa zehn Frauen drängten sich um ihn und rede-
ten alle gleichzeitig auf ihn ein. Im Nu hatten sie ausgepackt,
dass ihm die Haare unter seinem Topfhut zu Berge standen.
Er erkundigte sich nach Riri la Blonde, aber keiner kannte sie.
Wahrscheinlich war sie in der Salatschüssel nebenan, wo der
Menschenfresser die hübschesten Mädchen unterbrachte, um
sie sich später vorzunehmen, das Schwein. Er fragt nach
Ramona. Ja, die haben sie gekannt. Der Menschenfresser
habe sie erst gestern Abend verspeist. Am meisten habe sie
bedauert, dass sie ihren Freund nicht noch einmal umarmen
konnte, bevor sie hinüberging. Das war schön von ihr, werdet
ihr sagen, aber Janot war jetzt nicht nach Gefühlsduselei
zumute, das könnt ihr euch denken. Er dachte nur noch an
das, was ihn erwartete. Versetzt euch mal in seine Lage. Er
war nicht in der Salatschüssel der Bevorzugten. Er musste
sich also auf das Schlimmste gefasst machen, und das
Schlimmste war, verspeist zu werden. Der hatte vielleicht
eine Wut, der Janot! Und vor allem brachte ihn auf die Palme,
dass er wegen eines niedlichen Dings in sein Verderben

filer le vague à l'âme. Avouez que pour un homme, c'est
vexant. Mais la colère n'avance à rien. C'est bien ce qu'il
finit par se dire et il commence à réfléchir. En examinant
mieux les murs, il voit que le bord du saladier se trouvait un
peu ébréché. Oh ! pas grand-chose, une éraflure de presque
rien. Voilà sa petite tête qui travaille là-dessus. Question des
idées, lui, il était là, et chez un homme, c'est le principal.
Ceux qui sont manchots de la cervelle, c'est connu, ils n'ar-
rivent à rien. Tout d'un coup il se met à se déshabiller. Son
manteau, sa robe, il se met à les découper en lanières. Ce
qu'il voulait, c'était faire une corde en les rajoutant bout à
bout. Les femmes s'approchaient une à une et à mesure qu'il
se défringuait, elles le regardaient d'un peu plus près. Il leur
semblait que pour une fillette elle avait un drôle de châssis,
le râble sec et les cuisses plates. Pendant qu'il taillait, il y en
avait une grande, une nommée Thérèse, qui veut en avoir le
cœur net. Elle crie : „ Un homme !" La voilà folle et les
autres s'énervent aussi. Elles étaient sur lui, et les mains
par-ci et les mains par-là, elles le voulaient toutes. Mais pardon, Janot la Grimace, il ne marchait pas dans ces coupures-
là. Venir lui causer bagatelle alors qu'il pensait à ses os,
salut, elles l'avaient pas regardé. Il vous attrape la grande
Thérèse, il lui file un coup de tête dans le nez et un grand
coup de latte dans le garde-manger, qu'en moins de deux
elle était groguie. Janot, il était pas brutal, mais il aimait la
bonne tenue. Il voulait que la femme se respecte. Voyant la
façon qu'il venait d'arranger Thérèse, les autres s'étaient
calmées aussitôt. Elles ne pensaient plus qu'à l'aider, si bien
qu'en fin d'après-midi la corde était prête. Elle était longue

gerannt war, dass er sich hatte den Kopf verdrehen lassen. Ihr werdet zugeben, das ist ärgerlich für einen Mann. Aber mit Zorn kommt man nicht weiter. Das sieht er schließlich auch ein und beginnt nachzudenken. Er prüft die Wände genauer und sieht, dass der Rand der Salatschüssel ein wenig angeschlagen ist. Nicht sehr, nur eine winzige Scharte. Und da beginnt sein Köpfchen zu arbeiten. Was Ideen angeht, da war er auf Draht, und das ist schließlich die Hauptsache bei einem Mann. Die schwach im Hirn sind, bringen es zu nichts, das weiß man. Plötzlich fängt er an, sich auszuziehen und Mantel und Kleid in Streifen zu schneiden. Was er damit wollte? Sie Stückchen für Stückchen zu einem Seil zusammenknüpfen. Die Frauen kamen neugierig näher, und je mehr er sich auszog, desto genauer musterten sie ihn. Für ein Mädchen schien er ihnen einen merkwürdigen Unterbau zu haben, einen flachen Hintern und magere Schenkel. Während er ruhig weiter den Stoff zerschnitt, wollte es eine Große, Therese hieß sie, ganz genau wissen. ‚Ein Mann!' schreit sie und wird ganz verrückt. Auch die anderen regen sich auf. Sie stürzen sich auf ihn, betasten ihn überall und wollen ihn alle haben. Aber pardon, so gings bei unserem Janot nicht. Ihm mit Kinkerlitzchen kommen, während er verzweifelt versuchte, seine Knochen in Sicherheit zu bringen, da kannten sie ihn schlecht. Er schnappt sich die große Therese, gibt ihr kräftig eins in die Fresse und eins in den Magen, dass sie auf der Stelle groggy ist. Brutal war er nicht, der Janot, aber er verlangte ein wenig Haltung von den Frauen, er hatte es gern, wenn sie ein bisschen Selbstachtung zeigten. Als die anderen sahen, wie er Therese zugerichtet hatte, beruhigten sie sich gleich. Sie dachten nur noch daran, ihm zu helfen, und so wurde das Seil am Spätnachmittag fertig. Es war mindestens

d'au moins douze mètres mais, bien entendu, des mètres proportionnés à sa taille. En réalité, si elle était longue comme ma main, c'était tout. Janot la Grimace enlève son soulier, il l'attache à un bout du câble, et il essaie de le balance par-dessus le mur du saladier, du côté de l'endroit ébréché. Mais le mur, y en avait un bout. Il n'arrivait pas à lancer jusqu'en haut. Alors il rassemble les femmes. „ Aidez-moi, il dit, quand je serai là-haut, je vous sortirai du saladier. " Vous parlez si elles en étaient. Il les arrange en pyramide et en grimpant dessus il arrive à lancer son truc de l'autre côté. Le soulier se coince dans la brèche, mon Janot n'a plus qu'à grimper. Pendant qu'il était suspendu, les femmes regardaient, le nez en l'air et en trépignant d'impatience. Mais lui, en arrivant là-haut, il ramène toute la corde à lui et il laisse tomber les mignonnes. Dans les coups durs, chacun pour soi, et Janot il était pas fou. Quand l'ogre viendrait tout à l'heure, s'il trouvait son saladier vide, aussitôt il fouillerait la chambre jusqu'à ce qu'il repique tout son monde. Le saladier des favorites était placé à côté de l'autre, presque bord à bord, et Janot voyait ce qui se passait au fond. En reconnaissant Riri la Blonde, il sentait un coup d'émotion lui chatouiller les intérieurs. Mais pas d'histoire ! Quand un homme est dans la détresse, le sentiment, c'est de la faiblesse. Pour Riri la Blonde, on verrait plus tard s'il y avait moyen. En attendant, Janot la Grimace se laissait glisser le long de la corde et prenait pied sur l'étagère. Là, il se rend compte qu'il était loin d'être sauvé. Devant lui, il voyait la chambre, grande presque comme la moitié de Paris, avec le lit de milieu qui lui paraissait plus large que la Seine. A ses pieds, c'était le précipice d'au moins cent mètres de

zwölf Meter lang – Meter meine ich natürlich im Verhältnis zu seiner Größe –, in Wirklichkeit war es nicht länger als meine Hand. Janot la Grimace zieht einen Schuh aus, bindet ihn an einem Ende des Seils fest und versucht, ihn in der Nähe der Scharte über den Rand der Salatschüssel zu schmeißen. Aber die Wand ist ganz schön hoch. Er schafft es nicht. Da trommelt er die Frauen zusammen. ‚Helft mir‘, sagt er, ‚wenn ich oben bin, hole ich euch alle hier raus.‘ Könnt euch denken, wie die mitmachten! Er lässt sie eine Pyramide bilden, klettert hinauf, und es gelingt ihm, das Zeug hinüberzuwerfen. Der Schuh verklemmt sich in der Scharte, und unser Janot braucht nur noch hinaufzuklettern. Die Frauen recken die Hälse und treten vor Ungeduld von einem Fuß auf den anderen, während sie zusehen, wie er sich hochhievt. Aber kaum ist er oben, zieht er das Seil zu sich hinauf und lässt die Hübschen sitzen. In schwierigen Lagen muss jeder für sich selbst sorgen, und der Janot war doch nicht blöd. Wenn der Menschenfresser gleich käme und seine Salatschüssel leer fände, würde er sofort das ganze Zimmer durchsuchen, bis er alle seine Leutchen wieder beisammen hätte. Die Salatschüssel der Bevorzugten stand gleich neben der anderen, und Janot konnte von oben hineinsehen. Als er Riri la Blonde erkannte, gab es ihm einen Stich in die Magengegend. Aber bloß keine Geschichten jetzt! Wenn ein Mann in der Patsche ist, dann sind Gefühle sein Verderben. Man konnte später immer noch sehen, ob man Riri la Blonde helfen konnte. Inzwischen lässt sich Janot an seinem Seil hinuntergleiten und fasst auf dem Regal Fuß. Da wird ihm klar, dass er noch lange nicht gerettet ist. Vor sich sieht er das Zimmer, so groß wie halb Paris, und in der Mitte das Bett, das ihm breiter vorkommt als die Seine. Zu seinen Füßen klafft ein mindestens

profondeur et rien pour descendre au plancher. Il se voyait
déjà perdu, condamné à mourir de faim sur son étagère ou
alors à se faire repincer par l'ogre. Tout d'un coup, il avise
un gros papillon gris, posé au pied d'un saladier. Ni une ni
deux, il vous l'enfourche et voilà le gros papillon gris qui
s'envole à travers la chambre avec, sur son dos, Janot la
Grimace. Vous imaginez la croisière. Janot se demandait où
c'est qu'il allait atterrir. Le papillon volait presque au ras du
plafond, tantôt d'un côté, tantôt de l'autre, sans bien savoir
ce qu'il cherchait. Finalement, il va se poser sur l'abat-jour
de la lampe électrique accrochée au plafond, à trois cents
mètres du plancher. Pour quelqu'un qui cherche la sortie,
vous parlez d'une situation. Janot pensait : ça va pas mieux.
À ce moment-là, la porte s'ouvre et il voit entrer une espèce
de montagne. C'était l'ogre qui venait faire un tour à ses
saladiers. Le bruit de la porte, à moins que ce soit le déplace-
ment d'air, avait dérangé le papillon. Il reprend son vol,
zigzague autour de la pièce et va se poser juste sur une épaule de l'ogre. Qu'est-ce que vous en dites ? Sur l'épaule de
l'ogre. Janot la Grimace, il avait pas un poil de sec... Vous
filez le train ?

— Ji go.

— Plus un poil de sec, je dis bien, et convenez qu'il y
avait de quoi. L'ogre arrivait à l'étagère. Tout d'abord, il
donne un coup d'œil au saladier de Riri la Blonde. C'était
ce qui l'intéressait le plus. Après qu'il s'est eu rincé l'œil, il
passe à l'autre saladier. Il plonge la main dedans et il pique
une femme sans choisir. Le sort tombe sur la grande
Thérèse. L'ogre la ramène entre son pouce et son index et,

hundert Meter tiefer Abgrund, und es gibt keine Möglichkeit, auf den Fußboden hinunterzukommen. Er sieht sich schon verloren, zum Hungertod auf diesem Regal verdammt, oder vom Menschenfresser wieder eingefangen. Plötzlich erblickt er neben der Salatschüssel einen großen grauen Schmetterling. Und im Nu schwingt er sich rittlings auf seinen Rücken, und der graue Schmetterling flattert mit ihm durchs Zimmer. Stellt euch mal die Kreuzfahrt vor! Janot fragte sich, wo er wohl landen würde. Der Schmetterling flog immer ganz nahe unter der Decke, mal auf dieser Seite, mal auf der anderen, und schien nicht recht zu wissen, was er wollte. Endlich setzt er sich auf den Lampenschirm an der Decke, dreihundert Meter über dem Fußboden. Für einen, der den Ausgang sucht, keine sehr günstige Lage. So ist es auch nicht besser, dachte Janot. In diesem Augenblick geht die Tür auf, und eine Art Berg schiebt sich herein. Es ist der Menschenfresser, der seine Salatschüsseln inspizieren will. Vom Geräusch der Tür, oder vielleicht auch nur vom Luftzug aufgeschreckt, beginnt der Schmetterling wieder im Zimmer herumzuflattern und setzt sich dann genau auf eine Schulter des Menschenfressers. Was sagt ihr dazu? Auf die Schulter des Menschenfressers! Janot la Grimace schwitzte aus allen Poren... Kommt ihr mit?"

„Weiter."

„Schwitzte aus allen Poren, sage ich, und er hatte Grund dazu, das müsst ihr zugeben. Der Menschenfresser tritt zu dem Regal. Zuerst sieht er in die Salatschüssel, in der Riri la Blonde steckt. Die interessiert ihn am meisten. Nachdem er dort ein Auge riskiert hat, geht er zur anderen Schüssel über. Ohne hinzusehen, greift er hinein und packt eine Frau. Das Schicksal trifft die große Therese. Der Menschenfresser nimmt sie zwischen Daumen und Zeigefinger und beginnt

pendant qu'il la déshabille, qu'est-ce qu'elle voit ? Janot à califourchon sur le papillon. Comme bien entendu, elle lui en voulait de l'avoir dérouillée à zéro et, avant de mourir, elle pensait plus qu'à la vengeance. Remarquez que c'est humain. Elle crie de toutes ses forces en le montrant du doigt : „ Là, sur votre épaule, monsieur l'ogre, il y a quelqu'un qui s'est échappé du saladier. Là, sur votre épaule. " Heureusement, pour les grandes oreilles de l'ogre, ses gueulements ne s'entendaient pas plus qu'une petite musique de frelon. Elle criait encore quand l'ogre, une fois déshabillée, l'enfourne tête la première dans sa bouche. Un seul coup de dent, un seul craquement, la grande Thérèse avait vécu. L'ogre dégustait en claquant la langue, un filet de sang au coin de la bouche. Janot la Grimace en était tout pâle. Il assaisonnait le papillon à grands coups de talon dans les flancs pour qu'il parte, mais pas moyen de le faire bouger, à croire qu'il s'était endormi. Et l'ogre, tout en digérant Thérèse, sentait bien qu'il avait quelque chose de pas ordinaire sur l'épaule et il louchait de ce côté-là. Janot s'affolait, vous pensez. D'un pied il prend appui par terre, je veux dire sur l'épaule de l'ogre et, en serrant le cou de la bête à deux mains, il la pousse dans le vide. Voilà le papillon qui pique au plancher comme une masse et il n'en était plus bien loin quand il arrive à se redresser. Une fois de plus, il emporte son cavalier à travers la chambre. Savoir où il allait se poser, cette fois. L'ogre avait quitté l'étagère et il s'en retournait à son zinc. C'était déjà ça. Mais voilà maintenant le papillon,

sie auszuziehen. Und was sieht sie? Janot rittlings auf dem Schmetterling. Sie hatte natürlich eine Wut auf ihn, weil er sie an der Nase herumgeführt hatte, und dachte vor ihrem Tod nur noch an Rache. Das ist menschlich, was wollt ihr. Sie zeigt mit dem Finger auf ihn und schreit aus vollem Hals: ‚Herr Menschenfresser, da sitzt einer, der aus der Salatschüssel ausgebrochen ist, da auf Ihrer Schulter!‘ Zum Glück klang ihr Geschrei in den großen Ohren des Menschenfressers nur wie das leise Summen einer Hornisse. Sie schrie immer noch, als der Menschenfresser sie ganz ausgezogen hatte und Kopf voran in den Mund steckte. Ein Biss, ein Zähneknacken, und die große Therese ist nicht mehr. Der Menschenfresser lässt es sich schmecken, schnalzt mit der Zunge, ein wenig Blut rinnt ihm aus den Mundwinkeln. Janot la Grimace ist ganz blass geworden. Er stößt dem Schmetterling mit voller Wucht die Fersen in die Flanken und versucht, ihn zum Fliegen anzutreiben, aber der rührt sich nicht von der Stelle, man hätte meinen können, er sei eingeschlafen. Während der Menschenfresser Therese verdaut, merkt er, dass auf seiner Schulter irgendetwas los ist, und schielt dorthin. Janot stand Todesängste aus, das könnt ihr euch vorstellen. Er stemmt einen Fuß in die Erde, ich will sagen, in die Schulter des Menschenfressers, umklammert den Hals des Tieres mit beiden Händen und stößt es ins Leere. Der Schmetterling stürzt in die Tiefe wie ein Sack Mehl. Erst als er schon fast auf dem Fußboden ist, fängt er sich. Wieder flattert er mit seinem Reiter quer durch das Zimmer. Wo lässt er sich wohl diesmal nieder? Der Menschenfresser war inzwischen vom Regal weggegangen und zu seiner Theke zurückgekehrt. Das war doch schon etwas. Doch jetzt landet unser

soit par malice, soit par hasard, qui s'en va se poser au plafond, si bien que mon Janot se trouve tout d'un coup la tête
en bas. Et il avait beau se cramponner en serrant les cuisses,
au bout d'un moment, il n'en pouvait plus. Le lit était juste
au-dessous de lui, mais à plus de cent mètres et il hésitait à
se laisser tomber. Un quart d'heure se passe, l'insecte avait
pas décollé du plafond. Janot, écœuré, lâche tout, il se laisse
aller en fermant les yeux et il atterrit au milieu du lit. Il était
un peu étourdi, bien plus par la chute que par le choc de
l'arrivée. La nuit commençait à tomber. L'ogre ne viendrait
pas se coucher avant minuit. Janot pense qu'il a le temps de
faire un somme et il s'allonge sous le traversin, entre le drap
et l'oreiller. Il était là-dessous comme sous un tunnel. Tellement qu'il était fatigué, les heures passent sans qu'il se
rende compte. Entre minuit et 1 heure, l'ogre vient se coucher, il allume l'électricité et s'en va droit à l'étagère.
Planqué sous son tunnel, Janot suivait tous ses mouvements.
Il prévoyait bien ce qui allait se passer. L'ogre prend Riri la
Blonde dans son saladier, la pose sur le lit et dit en lui tou-
chant la joue avec sa bague : „ Amer, Cinzano, Pernod. " Pas
plus tôt qu'il a eu fini, la petite revient au grand format. Elle
était couchée à côté de Janot, qui aurait pu se loger tout
entier dans le creux de son oreille. L'ogre la regardait d'un
air pas content. „ De quoi ? il lui dit, c'est comme ça qu'on
se présente à son maître avec une tignasse pas peignée, les
ongles pas faits, la mine endormie ? " Riri se lève, elle lui
saute au cou. Et vous l'auriez vue lui faire des mamours, des
chatteries, vous auriez pensé, pas d'erreur, c'est une femme
qui a des capacités. L'ogre était devenu tout souriant. Une

Schmetterling, sei es aus Bosheit, sei es Zufall, an der Zimmerdecke, so dass mein Janot plötzlich mit dem Kopf nach unten hängt. Zwar versuchte er sich mit den Schenkeln festzuklammern, aber bald konnte er nicht mehr. Direkt unter ihm stand das Bett, jedoch mehr als hundert Meter entfernt, und er wagte nicht recht, sich fallen zu lassen. Eine Viertelstunde vergeht, das Insekt löst sich nicht von der Zimmerdecke. Vollkommen erschöpft lässt Janot einfach los, schließt die Augen und landet mitten auf dem Bett. Ihm ist ein wenig schwindlig, noch mehr von dem Fall als von dem Aufprall. Es beginnt dunkel zu werden. Vor Mitternacht geht der Menschenfresser nicht schlafen. Janot denkt, er habe noch Zeit, ein Nickerchen zu machen, und streckt sich zwischen Betttuch und Kopfkissen aus. Da unten ist er wie in einem Tunnel. Er ist schrecklich müde, und die Stunden vergehen, ohne dass er es merkt. Zwischen zwölf und eins kommt der Menschenfresser und will ins Bett. Er macht Licht an und geht zu seinem Regal. Von seinem Versteck aus beobachtet Janot jede seiner Bewegungen. Er kann sich schon denken, was jetzt passiert. Der Menschenfresser holt Riri aus der Salatschüssel, legt sie aufs Bett, berührt ihre Wange mit dem Ring und sagt: ‚Amer, Cinzano, Pernod‘. Kaum hat er das ausgesprochen, hat die Kleine wieder ihre normale Größe. Sie liegt neben Janot, der leicht in ihrer Ohrmuschel Platz gehabt hätte. Der Menschenfresser sieht sie unzufrieden an. ‚Wie?‘ sagt er. ‚Tritt man so seinem Herrn und Meister vor die Augen, ungekämmt, mit schmutzigen Nägeln und verschlafenem Gesicht?‘ Riri steht auf und fällt ihm um den Hals. Wenn ihr gesehen hättet, wie die ihm schöntat, wie die schmusen konnte, ihr hättet gesagt, kein Zweifel, die Frau hat Fähigkeiten. Der

fois dans les draps, tous les deux, voilà le cinéma qui commence. L'ogre, je vous l'ai dit, c'était un vicieux, un gros
compliqué qu'avait toutes sortes d'exigences. Janot la
Grimace, ça lui faisait plaisir de voir sa Riri se démener et
bien s'appliquer. Il était content qu'elle apprenne la vie.
D'un autre côté, vous me direz, ça devait quand même lui
serrer le cœur. Mais non, vous savez, pas tellement. Ils
étaient si grands par rapport à lui que tout ça n'avait pas l'air
bien vrai. Un peu comme ce serait pour nous de voir le
Panthéon se dessaler avec Notre-Dame. De temps en temps,
l'ogre attrapait la bouteille sur la table de nuit et il s'en-
voyait un coup de rouge. Pour la bagatelle, il avait besoin de
s'arroser. Il était comme ça. Le litre fini, c'est l'heure de
dormir, il décide. Il applique l'anneau sur la joue à Riri la
Blonde — „ Calvados, Cognac, Fine Champagne " — il va
la ranger dans son saladier, il se recouche, il éteint l'électricité et, presque aussitôt, il part à ronfler. C'était le moment
qu'attendait Janot la Grimace. En douce, il sort de sa cachette... Vous filez le train ?

— Ji go.

— Sort de sa cachette, avance à tâtons sur le drap. Il faisait nuit noire, sauf un reflet de lumière qui venait d'une
fenêtre d'en face. Ses yeux s'habituaient à l'obscurité.
L'ogre continuait à ronfler, la tête dans son bras replié, la
main allongée sur le drap. Janot s'approche tout près de la
main et il pose sa joue sur la bague en disant tout haut :
„ Amer, Cinzano, Pernod. " D'un seul coup, le voilà revenu

Menschenfresser strahlt übers ganze Gesicht. Und kaum liegen die beiden in den Federn, da beginnt die Kinovorstellung. Ich hab euch ja schon gesagt, der Menschenfresser war ein Lasterhafter, ein Schwieriger, der alle möglichen Ansprüche stellte. Dem Janot machte es Spaß zuzusehen, wie seine Riri loslegte und sich abrackerte. Er war froh, dass sie endlich das Leben kennenlernte. Aber andererseits musste es ihm doch das Herz zerreißen, meint ihr. O nein, eigentlich nicht. Sie waren so groß im Vergleich zu ihm, dass ihm die ganze Sache ziemlich unwirklich vorkam. Ungefähr wie wenn wir zusehen würden, wie das Pantheon es mit Notre-Dame treibt. Von Zeit zu Zeit griff der Menschenfresser nach der Flasche auf dem Nachttisch und goss sich einen Schluck Roten hinter die Binde. Die Liebe machte ihm Durst, so war er nun mal. Als die Flasche ausgetrunken war, fand er, es sei Zeit zu schlafen. Er legt Riri den Ring an die Wange – ,Calvados, Cognac, Armagnac' – und steckt sie wieder in die Salatschüssel. Dann legt er sich zu Bett, knipst das Licht aus und beginnt bald zu schnarchen. Auf diesen Augenblick hat Janot la Grimace gewartet. Ganz vorsichtig kriecht er aus seinem Versteck... Kommt ihr mit?"

„Weiter!"

„Kriecht aus seinem Versteck und tastet sich vorsichtig über das Betttuch. Es war stockdunkel, nur ein winziger Lichtschimmer fiel von einem gegenüberliegenden Fenster herein. Seine Augen gewöhnten sich an das Dunkel. Der Menschenfresser schnarcht ruhig weiter, den Kopf in seinen Arm gekuschelt, die Hand auf der Decke ausgestreckt. Janot geht ganz nahe an die Hand heran, legt seine Wange auf den Ring und sagt laut: ,Amer, Cinzano, Pernod.' Mit einem

à ses dimensions habituelles, un mètre soixante-huit, et râblé, et n'oublions pas son intelligence. L'autre était toujours endormi. Janot la Grimace allume la lumière, prend la bouteille vide sur la table de nuit et paf ! un grand coup sur la tête. Avant d'avoir pu se réveiller, l'ogre était tombé dans les frites. Janot lui enlève sa bague en argent, la passe à son doigt et vas-y : „ Calvados, Cognac, Fine Champagne. " Voilà l'ogre ratatiné à son tour. En reprenant connaissance, il se retrouve dans un saladier, et qui font le cercle autour de lui, toutes ses prisonnières. Vous pouvez compter qu'il n'en menait pas large. Les femmes commencent par le déshabiller. Il pleurait, il les suppliait, il leur promettait de l'argent, des toilettes, mais rien à faire. Elles lui rentrent dedans à grands coups de bottines et les griffes dehors. Il saignait de partout, tellement que Janot la Grimace, pour ne pas qu'elles le mettent en pièces, est obligé de le tirer de là. En attendant de régler son sort, il le gare dans une boîte d'allumettes. Après ça, il s'occupe des femmes, et d'abord de Riri la Blonde. En se revoyant grandeur nature à côté de lui, elle lui dit : „ Janot, mon chéri, je suis ta petite femme pour la toute. " Et c'était vrai. Dans son saladier, elle avait eu le temps de réfléchir. Elle avait compris une bonne fois que la vie n'est pas une amusette et que ce n'est pas en travaillant comme petite main dans la couture qu'une femme peut prétendre s'élever. Vers 2 heures du matin, tout le monde était réuni dans la chambre et prenait un coup de remontant. L'ogre, comme de juste, était seul à avoir gardé le format bibelot. Janot la Grimace avait décidé que, pour le punir, on l'abandonnerait dans la rue. Peut-être qu'il finirait dans une baraque de foire où on le montrerait pour cent sous. Un

Schlag ist er wieder so groß und so kräftig wie früher, einen Meter achtundsechzig und stämmig – von der Intelligenz gar nicht zu reden. Der andere schläft immer noch. Janot la Grimace macht Licht, nimmt die leere Flasche vom Nachttisch und päng! ein kräftiger Hieb auf den Kopf, und der Menschenfresser ist betäubt, bevor er Zeit hatte, aufzuwachen. Janot zieht ihm den silbernen Ring ab, steckt ihn an seinen eigenen Finger, und los gehts: ‚Calvados, Cognac, Armagnac.' Diesmal ist der Menschenfresser dran. Er schrumpft zusammen, und als er wieder zu sich kommt, ist er in der Salatschüssel, mitten unter seinen Gefangenen. Er hatte nichts zu lachen, das könnt ihr mir glauben. Die Frauen beginnen ihn auszuziehen. Er weint, fleht, verspricht ihnen Geld, neue Kleider – nichts zu machen. Mit Händen und Füßen stürzen sie sich auf ihn. Er blutet am ganzen Leib, und Janot la Grimace muss ihn herausholen, damit sie ihn nicht in Stücke reißen. Er steckt ihn vorläufig in eine Streichholzschachtel, bis er über sein Schicksal bestimmt hat. Dann kümmert er sich um die Frauen, zuallererst um Riri la Blonde. Kaum steht sie in voller Größe neben ihm, sagt sie: ‚Janot, mein Liebster, ich bin deine Frau und mache, was du willst.' Und sie meinte es ernst. In ihrer Salatschüssel hatte sie Zeit zum Nachdenken gehabt. Sie hat ein für allemal begriffen, dass das Leben kein Kinderspiel ist und dass es eine Frau als Näherin in einem Schneideratelier nicht weit bringen kann. Gegen zwei Uhr früh waren alle im Zimmer versammelt und tranken einen Schnaps zur Stärkung. Wie es recht und billig war, hatte der Menschenfresser als einziger das Spielzeugformat behalten müssen. Janot hatte beschlossen, dass er zur Strafe auf die Straße ausgesetzt werden sollte. Vielleicht würde er in einer Jahrmarktbude enden, wo man ihn für hun-

moment plus tard, ils allaient en bande le déposer sur un trottoir. Ils croyaient lui laisser sa chance. Mais un chien qui passait par là l'attrape dans sa gueule, le croque et l'avale sans même prendre le temps de s'arrêter. Voilà toute la bande prise par le fou rire. Riri la Blonde, le lendemain en s'éveillant chez son Janot, se marrait encore d'y penser. Au fond, c'était bien fait pour l'ogre.

« Janot la Grimace avait gardé l'anneau magique, pensant gagner de l'argent avec, et sûrement qu'il y avait moyen, surtout que lui, pour l'intelligence, il était servi. Mais la bague, sans qu'on sache pourquoi, elle avait perdu son pouvoir magique. Ce n'est pas ce qui devait les empêcher de réussir. Dressée par Janot, Riri la Blonde allait devenir une vraie femme. Sérieux, vous les auriez vus traverser la vie la main dans la main en regardant l'avenir avec confiance. Dix ans plus tard, ils étaient déjà patrons d'une maison.

« Vous filez le train? demanda Madame d'une voix sourde.

— Ji go, chuchotèrent les femmes soudain oppressées.

— Maintenant, je peux bien vous dire tout. Janot la Grimace, c'était M. Jean, et Riri la Blonde, c'était moi... Et la maison... la maison... la maison...»

Madame éclata en sanglots. M. Jean écrasa une larme à la dérobée et alla pousser les persiennes que nul ne se souvenait d'avoir jamais vues s'ouvrir. Les gonds rouillés grincèrent une plainte funèbre et l'affreuse lumière du jour pénétra dans l'estaminet, dissipant les fantômes de tant de nuits bénies.

Marcel AYMÉ, *Conte du milieu*, extrait de *En arrière* © Editions GALLIMARD

dert Sous zeigen würde. Sie gingen also alle zusammen hinaus, um ihn auf den Gehsteig zu setzen. Sie glaubten, ihm auf diese Weise eine Chance zu geben. Aber da kommt ein Hund vorbei, schnappt ihn, knackt ihn und verschlingt ihn im Handumdrehen. Die ganze Bande platzt fast vor Lachen. Noch am nächsten Morgen, als Riri neben ihrem Janot aufwachte, lachte sie sich schief, wenn sie daran dachte. Im Grunde war dem Menschenfresser recht geschehen.

Janot la Grimace hatte den Zauberring behalten, denn er hoffte, damit Geld zu verdienen. Und sicherlich hätte es Möglichkeiten gegeben, denn an Köpfchen fehlte es ihm nicht, wie ihr wisst. Aber ohne dass man gewusst hätte weshalb, hatte der Ring seine Zauberkraft eingebüßt. Doch das hinderte die beiden nicht daran, ihren Weg zu machen. Von Janot dressiert, wurde Riri la Blonde zu einer richtigen Frau. Im Ernst, ihr hättet sehen sollen, wie sie Hand in Hand durchs Leben gingen und vertrauensvoll in die Zukunft blickten. Zehn Jahre später besaßen sie schon ein eigenes Haus.

Kommt ihr mit?" fragte Madame mit umflorter Stimme.

„Weiter", flüsterten die Mädchen, plötzlich beklommen.

„Jetzt kann ich euch ja alles sagen. Janot la Grimace, das war Monsieur Jean, und Riri la Blonde, das war ich … Und das Haus… das Haus… das Haus…"

Madame brach in Tränen aus. Monsieur Jean wischte sich heimlich über die Augen. Dann zog er die Jalousien hoch, die seit Menschengedenken noch nie geöffnet worden waren. Die verrosteten Angeln kreischten eine Totenklage, und das grausame Tageslicht drang in den Ausschank und vertrieb die Geister so vieler gesegneter Nächte.

Louis Aragon

Le Mouton

Der Spitzel

IN 04

Louis Aragon

Le Mouton

Alors, te décideras-tu à parler ? »

On le battait, ça faisait un bail. Les deux hommes en avaient plein les bras. Les cuisses et le dos étaient vilains à voir. L'inspecteur Bellême soupira : des brutes, ces gens-là. Ils ne sentent rien, ma parole. On dirait encore qu'il ne connaissait pas son métier parce qu'il n'avait rien tiré de ce salopard. « Allez ! » dit-il découragé. On rejeta les vêtements au prisonnier. Il fallut le soutenir pour qu'il parvînt à se rhabiller, et je vous prie de croire que ce n'était pas ragoûtant. « A se boucher le nez ! » expliquait l'inspecteur, un peu après au café, à un collègue, devant un de ces jus de fruits saccharines qui sont tout ce qu'on peut avoir un jeudi, quand on n'aime pas la bière. L'autre hochait la tête : « Après des choses comme ça, on devrait avoir droit à un petit schnaps, pour se remonter... »

La cellule n'était pas grande, on ne peut pas dire. Ce devait être le soir. La lumière diminuait dans le trou grillagé, là-haut, la nuit allait se refaire complète bientôt. L'œil se tourna vers la tinette. Comment se traîner jusque-là, encore

LOUIS ARAGON

DER SPITZEL

Also wirst du endlich reden?"
Sie schlugen ihn schon seit Stunden. Die zwei Männer
hatten ihre ganze Kraft daran gewandt. Die Schenkel und
der Rücken sahen scheußlich aus. Inspektor Bellême seufzte: „Diese Leute sind wie die Tiere. Die spüren überhaupt
nichts, mein Wort darauf." Man würde am Ende behaupten,
er verstehe nichts von seinem Beruf, weil er aus diesem
Dreckskerl nichts herausbekommen hat. „Hört auf!" sagte
er entmutigt. Sie warfen dem Gefangenen die Kleider vor
die Füße; doch sie mussten ihn stützen, damit er sich wieder
anziehen konnte, und Sie dürfen mir glauben, dass das nicht
gerade appetitlich war. „Man hätte sich die Nase zuhalten
mögen", erklärte der Inspektor etwas später im Café einem
Kollegen, während sie bei einem dieser mit Saccharin
gesüßten Fruchtsäfte saßen, dem einzigen, was man an
einem Donnerstag bekommen konnte, wenn man kein Bier
mochte. Der andere nickte zögernd: „Nach so etwas sollte
man einen kleinen Schnaps bekommen, um sich ein bisschen zu erholen... "
Man hätte die Zelle beim besten Willen nicht groß nennen
können. Es musste Abend sein. Das Licht in dem vergitterten Fensterloch oben schwand allmählich; bald würde es
wieder völlig Nacht sein. Sein Blick suchte den Abortkübel.
Wie sich zu ihm hinschleppen und dann noch den Deckel

soulever le couvercle avec les dents ? Les mains dans le dos, et les menottes, on ne peut pas se défaire, et quand on a des plaies partout, c'est pénible de faire sous soi. La prison était pleine à craquer, mais par exception, le prisonnier était seul dans sa cellule. C'était sa fiche de consolation, d'ailleurs : il n'y avait rien qu'il redoutât tant que la promiscuité des droits communs... et si on lui avait mis un mouton... Une hantise, la crainte du mouton.

Sur la paillasse, dans l'odeur infecte, il ne savait comment se tourner : toutes les positions étaient intolérables au bout d'une minute ou deux. Sur les rares places indemnes de sa peau, une démangeaison s'éveillait, que la chaleur de la saison, le manque d'air, rendait affreuse. Il devait y avoir plein de vermine dans cette paillasse pourrie, nauséabonde, des mouches tournaient dans l'air, se posaient sur leur victime qui sursautait.

L'homme pensait invinciblement à ces gros hannetons lourds, qui avaient été si nombreux ce printemps-là, dans la banlieue, et qui, tombés sur le dos, restaient à agiter les pattes, incapables de se retourner. C'était son tour de faire le hanneton. Ce que le printemps avait été beau ! Songer ici au merveilleux parfum des arbres...

Dans tout ça, s'il avait pu ne pas être couvert de mille brins de paille, cette paille qui se prend aux vêtements, en petits brins, impossible, inutile de s'en secouer... Etrange, quand on est couvert de plaies, douloureux de partout, de

mit den Zähnen aufheben? Mit den Händen auf dem Rücken, in Handschellen, kann man sich nicht ausziehen, und wenn man am ganzen Körper voller Wunden ist, ist es peinlich, sich anzumachen. Das Gefängnis war zum Bersten voll, doch der Gefangene war allein in seiner Zelle, und das war eine Ausnahme. Das war übrigens sein größter Trost; denn nichts fürchtete er so sehr wie die Gemeinsamkeit mit Kriminellen... und wenn man ihm einen Spitzel hineingeschickt hätte... Eine Zwangsvorstellung, die Furcht vor dem Spitzel.

Auf dem Strohsack, in der verpesteten Luft, wusste er nicht, wie er sich drehen und wenden sollte. Jede Art zu liegen wurde binnen ein oder zwei Minuten unerträglich. Auf den wenigen unversehrten Stellen seiner Haut begann ein Jucken, das die Hitze der Jahreszeit und der Mangel an frischer Luft einfach entsetzlich werden ließen. In diesem verfaulten, ekelerregenden Strohsack musste es massenhaft Ungeziefer geben; Fliegen kreisten in der Luft und setzten sich auf ihr Opfer, das zusammenzuckte.

Der Mann dachte unwillkürlich an die dicken, schwerfälligen Maikäfer, die diesen Frühling am Stadtrand so zahlreich gewesen waren und die, einmal auf den Rücken gefallen, liegen blieben und ihre Beine bewegten, nicht imstande, sich umzudrehen. Jetzt musste er der Maikäfer sein. War dieser Frühling schön gewesen! Hier an den wunderbaren Duft der Bäume zu denken...

Wenn er nicht noch zu alldem von tausend kleinen Strohteilchen bedeckt gewesen wäre, von jenem Stroh, das sich in winzigen Teilchen an die Kleider hängt und das man nicht abschütteln kann... Es ist sonderbar, dass einen das mehr als alles andere quält, wenn man am ganzen Körper

souffrir surtout de cela. Et quand la saleté de tout est si mon-
strueuse, l'air irrespirable, d'être exaspéré au-delà de tout
par ces miettes jaunes, cette fine poudre qui s'en prend à
tout, qui fait à tout ce toucher spécial, asséchant, le toucher
de la prison...

«Je n'ai rien dit... » De se le répéter, cela le remontait un
peu, il avait la lèvre enflée, saignante. Un coup de poing de
l'inspecteur à bout d'arguments. De la langue, il tâtait sa
dent cassée, dont le bord était coupant, un goût salé.

«Je n'ai rien dit... »

Le gardien, quand il ouvrait la porte, c'était pour jeter un
mot, toujours un mot seul, comme s'il eût parlé à un
Chinois, un mot aboyé : « Pain », ou « Courrier », ou
« Silence ! »... Parce que quelquefois l'homme, pris d'une
sorte de folie, frappait contre le battant lourd de ses deux
poings... Cela, c'était avant qu'on l'eût battu comme cela...
Il lui fallait à tout prix voir quelqu'un, même ce visage de
cendre au nez camard, entendre quelqu'un, même ce seul
mot qui sortait de ce visage comme de la poussière d'un
paillasson : Silence... Maintenant il avait les menottes. Son
cas s'était aggravé ! Silence... «Je n'ai rien dit... »

Courrier... Ce n'était pas un mot pour cette cellule-ci !

Pain... Il y avait bien par terre une demi-boule de pain, et
de l'eau, pas plus atteignables que la tinette. Le cou tordu,
l'homme calculait comment s'y prendre pour au moins, sans
répandre toute l'eau, y tremper ses lèvres. Il faudrait attendre le matin, à moins qu'une ronde n'ouvrît la porte. C'était

von schmerzenden Wunden bedeckt ist. Dass einen diese winzigen gelben Teilchen, dieser feine Staub, der sich an alles hängt, der allem dieses spezifische, kratzend-trockene Gefühl des Gefängnisses verleiht, mehr erbittert als der ungeheuerliche Schmutz, der allem anhaftet, oder die unerträgliche Luft, die kaum mehr zu atmen ist.

„Ich habe nichts gesagt... " Sich das zu wiederholen, stärkte ihn ein wenig. Seine Lippen waren geschwollen und bluteten. Als letztes Argument hatte ihm der Inspektor einen Faustschlag versetzt. Mit seiner Zunge betastete er den abgebrochenen Zahn, dessen Rand scharfkantig war und salzig schmeckte.

„Ich habe nichts gesagt... "

Wenn der Wärter die Tür öffnete, stieß er mit seiner bellenden Stimme immer nur ein einziges Wort hervor, als ob er mit einem Chinesen spräche: „Brot!" oder „Post!" oder „Ruhe!"... Denn manchmal trommelte der Mann, von einer plötzlichen Raserei ergriffen, mit beiden Fäusten gegen den schweren Türflügel... Das war, bevor man ihn so geschlagen hatte... Er musste um jeden Preis irgend jemand sehen, auch wenn es nur jenes aschfarbene, stumpfnasige Gesicht war; irgend jemand hören, auch wenn es nur jenes einzige Wort war, das aus diesem Gesicht wie Staub aus einem Strohsack drang: Ruhe!... Jetzt trug er Handschellen. Sein Fall hatte sich verschärft! Ruhe... „Ich habe nichts gesagt...

Post... Das war kein Wort für diese Zelle!

Brot... Auf der Erde waren zwar ein halber Laib Brot und Wasser, aber ebenso unerreichbar wie der Abortkübel. Mit verrenktem Hals überlegte der Mann, wie er es anstellen sollte, um wenigstens seine Lippen zu befeuchten, ohne das ganze Wasser zu verschütten. Er musste auf den Morgen

l'heure noire où la prison semblait s'éveiller.

Les murs se mettaient à parler leur langage incompréhensible : des coups sourds, lents et précipités, toutes les combinaisons possibles de brèves et de longues, un alphabet qu'il aurait fallu connaître. A travers toute la bâtisse on se répondait, on s'appelait. Tous les soirs, à cette heure-là, c'était pour cet homme enchaîné une torture d'espoir et d'impuissance. Le voisin d'à côté avec une inlassable patience répétait cent fois le même signal, auquel il s'attendait qu'au bout du compte quelqu'un lui répondît. L'homme avait essayé de reproduire cet appel, le même, en frappant le mur de sa tête. Mais il ne connaissait pas le secret de ce langage. On ne pouvait pas aller plus loin. Ce soir-là, d'ailleurs, il était bien trop faible pour donner même ce seul signe de vie, à l'inconnu qui frappait derrière le mur. Le concert qui partait de toutes les cellules retentissait dans cette tête tuméfiée et malade. Le malheureux donnait une attention absurde à cet entrecroisement de sons pour lui mystérieux. Il ne savait ce qu'il aurait préféré : que tous ces gens se taisent, ou que leurs conversations deviennent assourdissantes, à ébranler les pierres. Lui, comme un ignorant coiffé d'un casque télégraphique écoutant le morse qui parle des bateaux perdus en mer, il grinçait des dents, il fermait les yeux, mais il ne pouvait se boucher les oreilles. Il avait la fièvre sûrement. S'il avait assez la fièvre, on le mettrait peut-être à l'infirmerie.

warten, wenn nicht die Patrouille die Zellentür öffnete. Es war die nächtliche Stunde, in der das Gefängnis zu erwachen schien.

Die Mauern begannen ihre unverständliche Sprache zu sprechen: dumpfe Klopfzeichen, oft in Abständen, oft überstürzt, alle möglichen Kombinationen von kurz und lang, ein Alphabet, das man hätte kennen müssen. Quer durch das ganze Gebäude gab man sich Antwort und rief sich an. Jeden Abend um diese Zeit empfand der Gefesselte die ganze Qual von Hoffnung und Ohnmacht. Der Nachbar in der Zelle nebenan wiederholte mit unermüdlicher Geduld hundertmal dasselbe Zeichen, auf welches ihm, wie er erwartete, früher oder später jemand Antwort geben würde. Der Mann hatte versucht, den gleichen Anruf wiederzugeben, indem er mit seinem Kopf an die Mauer schlug. Aber er kannte das Geheimnis dieser Sprache nicht. Mehr konnte er nicht tun. Diesen Abend war er übrigens viel zu schwach, um dem Unbekannten, der hinter der Mauer pochte, selbst jenes einzige Lebenszeichen zu geben. Das Klopfkonzert, das von allen Zellen ausging, hallte in seinem geschwollenen, kranken Kopf wider. Der Unglückselige schenkte dem Sich-Überkreuzen der für ihn rätselhaften Klopfzeichen eine absurde Aufmerksamkeit. Er wusste nicht, was ihm lieber gewesen wäre: dass alle diese Leute verstummten, oder dass ihre Gespräche so betäubend laut würden, dass die Steine erzitterten. Wie ein Unkundiger, der mit dem Telegraphistenhelm auf dem Kopf die Morsesignale hört, die von verlorenen Schiffen auf hoher See berichten, knirschte er mit den Zähnen, schloss er die Augen, aber die Ohren konnte er sich nicht verstopfen. Sicher hatte er Fieber. Wenn das Fieber hoch genug stieg, würde man ihn

Il ne fallait pas trop y compter. Cette fièvre-là, est-ce qu'on en crève ? Des cloches aux oreilles. Et toujours les coups sourds dans les murs, entêtés, persistants. Qu'est-ce qu'ils peuvent raconter, bon Dieu ? La nuit était absolument étouffante. «Je n'ai rien dit... je n'ai rien dit... » Il y avait des mouches sur lui, lourdes et bruyantes. Quand elles remuaient sur sa nuque, l'homme tressaillait comme un cheval dans les brancards. La démangeaison devint intolérable au bas-ventre. En essayant de se frotter à la paillasse, le prisonnier réveilla la douleur des reins. La fièvre. «Je n'ai rien dit... » Cette parole magique avait perdu son pouvoir d'apaisement. Elle se répétait de façon mécanique, sans utilité. «Je n'ai... » Des lueurs colorées naquirent sous les paupières, des phosphorescences aussitôt éteintes, des formes fugitives. Un visage, une expression de la bouche, des yeux affolés... Peut-être un paysage au lointain, dans une lumière d'orage... la masse d'un troupeau de moutons... Le sommeil était tombé comme un filet sur sa proie.

Un bruit vague, mêlé à des douleurs retrouvées, le réveilla. Il faisait toujours nuit. Cependant, à la hauteur de son regard, quelque chose qui remuait intercepta une clarté mouvante : le pinceau de la lampe de poche du gardien, sans doute. La fin des paroles retomba dans l'obscurité, la porte claquant. Quelqu'un était resté dans la cellule ! L'homme comprit que c'étaient des jambes de pantalon qui avaient passé près de lui. On bougeait. On trébuchait même. Dans

vielleicht in die Krankenabteilung stecken. Er durfte sich nicht zu sehr darauf verlassen. Kann man an so einem Fieber eigentlich krepieren? Glocken klangen ihm in den Ohren. Und immer das dumpfe Klopfen in den Mauern, hartnäckig, unablässig anhaltend. Mein Gott, was konnten sie sich nur erzählen? Die Nacht war geradezu erstickend heiß. „Ich habe nichts gesagt... ich habe nichts gesagt..." Schwere, brummende Fliegen saßen auf ihm. Wenn sie über seinen Nacken krochen, zuckte der Mann wie ein angeschirrtes Pferd. Das Jucken am Unterleib wurde unerträglich. Als der Gefangene sich am Strohsack zu reiben versuchte, erwachte der Schmerz in der Nierengegend von neuem. Das Fieber. „Ich habe nichts gesagt..." Dieses Zauberwort hatte seine beruhigende Wirkung verloren. Es wiederholte sich mechanisch und nutzlos. „Ich habe nichts..." Farbiges Licht leuchtete hinter seinen geschlossenen Lidern, rasch wieder erloschenes Glimmen, flüchtige Formen. Ein Gesicht, der Ausdruck eines Mundes, dem Wahnsinn nahe Augen... Vielleicht eine Landschaft in der Ferne, in gewittriger Beleuchtung... die zusammengedrängte Masse einer Schafherde... Der Schlaf hatte sich wie ein Netz über seine Beute gebreitet.

Ein unbestimmtes Geräusch, vermischt mit den wieder aufgetretenen Schmerzen, weckte ihn. Es war noch immer Nacht. Doch etwa in der Höhe seines Blicks bewegte sich etwas, zerschnitt einen kreisenden Lichtkegel, der zweifellos von der Taschenlampe des Aufsehers kam. Die letzten Worte fielen schon wieder in die Dunkelheit, während die Tür zuknallte. Jemand war in der Zelle geblieben! Der Mann merkte, dass Beine in Hosen knapp neben ihm vorbeigegangen waren. Jemand bewegte sich. Jemand stol-

quoi le maladroit s'était-il pris les pieds ? On entendait sa respiration. « Qu'est-ce que c'est ? » Lequel des deux avait dit : « Qu'est-ce que c'est ? »

Ils mirent quelque temps à faire connaissance. Quand le premier occupant saisit qu'on lui avait donné un camarade, sa première pensée fut de défense.

Le mouton, ce devait être le mouton. C'était sûrement le mouton : « Je ne lui dirai rien », pensa-t-il, et ses plaies brûlantes semblèrent répéter cette assurance qu'il se donnait. Il gémit. L'autre dit : « Ça ne fait rien, c'est coquet chez vous ! Vous permettez que je me présente ? Caulier, Joseph Caulier... »

Ça devait être un drôle. Mais comment était-il, grand ou petit, maigre ou gras ? Un mouton en tout cas. Il tombait bien, toujours, pour la tinette. Et l'eau qu'il trouva à tâtons, qu'il lui passa sur les lèvres. « Vous avez la fièvre, mon vieux... » C'était étrange, ces mains sans visage dans la nuit.

Au matin, quand ils se regardèrent, que pensèrent-ils tous les deux ? Le nouvel arrivant découvrait le fond de sa misère dans l'aspect de la cellule, dans ce corps qui gisait les poings liés dans le dos, dans la saleté, dans la noirceur du jour. Le premier détenu se souleva de côté et dévisagea l'intrus, le mouton. Un type plutôt mal fichu, maigriot, dans son linge trop large, avec des yeux baroques, je ne sais comment dire, une sorte de rat... Il lui faisait mauvaise impression. L'autre avait les lèvres tremblantes en regardant l'homme sur la paillasse. Il avait dû dormir à terre, lui.

perte sogar. Woran war der Ungeschickte hängen geblieben? Man hörte seinen Atem. „Was ist los?" Wer von beiden hatte gesagt: „Was ist los?"

Sie brauchten einige Zeit, um miteinander bekannt zu werden. Als der erste Häftling begriff, dass man ihm einen Zellenkameraden gegeben hatte, war sein erster Gedanke der an Verteidigung.

Der Spitzel, das musste der Spitzel sein! Das war sicher der Spitzel. „Ich werde ihm nichts sagen", dachte er, und seine brennenden Wunden schienen diese Versicherung zu wiederholen, die er sich gab. Er stöhnte. Der andere sagte: „Das macht nichts, es ist gemütlich bei Ihnen! Sie gestatten, dass ich mich vorstelle? Caulier, Joseph Caulier..."

Das musste ein sonderbarer Kerl sein. Aber wie sah er aus, groß oder klein, dünn oder dick? Auf jeden Fall war er ein Spitzel. Immerhin kam er gelegen, wegen des Abort-kübels. Und wegen des Wassers, das er tastend fand und ihm an die Lippen hielt. „Sie haben Fieber, mein Lieber..." Seltsam, diese Hände ohne Gesicht in der Finsternis.

Was dachten die beiden, als sie sich am Morgen gegenseitig betrachteten? Der Neuankömmling entdeckte das ganze Ausmaß seines Unglücks an dem Aussehen der Zelle, an diesem Körper, der mit auf den Rücken gebundenen Händen dalag, an dem Dreck, in der trüben Schwärze des Tages. Der erste Insasse richtete sich seitlich auf und musterte den Eindringling, den Spitzel. Der war ein ziemlich schlecht gekleideter, magerer Mensch, der in zu weiten Kleidern steckte, mit sonderbaren Augen; ich weiß nicht, wie ich es sagen soll, wie eine Art Ratte... Er machte einen schlechten Eindruck. Dem anderen zitterten die Lippen, als er den Mann auf dem Strohsack ansah. Er selbst hatte auf

« Ils vous ont battu ? demanda-t-il.

— Paraît ! » dit l'autre.

Ils n'avaient pas encore eu le temps de s'habituer l'un à l'autre que la porte s'ouvrit, et qu'ils héritèrent d'un troisième copain, une manière de géant avec une tignasse noire de crin qui partait en flèche au milieu du front. Cette fois, ils eurent la même idée tous les deux. C'était évidemment celui-là, le mouton.

En attendant, à trois, dans cet espace médiocre pour un, dans la puanteur, il fallait se coucher à tour de rôle ; et bien sûr, le premier avec ses plaies, ses mains liées, on pouvait difficilement lui disputer la paillasse. Joseph Caulier était le plus causant. Le premier serrait les dents, on ne savait pas si c'était qu'il avait mal, ou qu'il aurait préféré se couper la langue à parler. Le géant prétendait qu'il était là par erreur, et s'appelait Duponchel. Les mouches avaient l'air heureuses qu'il y eût trois bêtes dans l'écurie.

« Ça schlingue, disait Joseph, c'est pas croyable ce que ça schlingue ici ! »

Par erreur, quel genre d'erreur ? Si c'est un patriote, il n'y a pas d'erreur.

On perd le compte des jours et des nuits, dans un local comme ça. L'assiettée d'eau chaude appelée soupe qu'on vous passe, le pain qu'il faut faire durer puisqu'on l'a pour deux jours, la corvée de tinette, tout ça n'arrive pas à meubler richement le temps. Peu à peu, la conversation s'établit. On y allait avec prudence, à cause du mouton. Joseph était

der Erde schlafen müssen.

„Man hat Sie geschlagen?" fragte er.

„Anscheinend", sagte der andere.

Sie hatten noch kaum Zeit gehabt, sich aneinander zu gewöhnen, als die Tür aufging und sie einen dritten Kumpel dazu bekamen, einen riesigen Burschen mit einem schwarzen, keilförmig in der Mitte der Stirn ansetzenden Haarschopf. Diesmal hatten sie beide den gleichen Gedanken: Das war offensichtlich der Spitzel.

Doch nun, zu dritt in diesem Raum, in dem gerade einer Platz hatte, in diesem Gestank, konnten sie sich nur abwechselnd niederlegen; und natürlich konnte man dem ersten Insassen mit seinen Wunden und seinen gefesselten Händen nicht gut den Strohsack streitig machen. Joseph Caulier war der gesprächigste. Der erste presste die Zähne zusammen; man wusste nicht recht, ob vor Schmerzen oder weil er sich lieber die Zunge abgebissen hätte, als zu reden. Der Riese behauptete, nur infolge eines Irrtums hier zu sein; er nannte sich Duponchel. Die Fliegen waren sichtlich zufrieden, dass nun drei Stück Vieh im Stall waren.

„Da stinkt's", sagte Joseph, „unglaublich, wie es da stinkt!"

Infolge eines Irrtums? Infolge was für eines Irrtums? Wenn jemand ein Patriot ist, dann kann es kein Irrtum sein.

Man vergisst die Anzahl der Tage und Nächte in einem solchen Lokal. Die Teller voll heißen Wassers, Suppe genannt, die man einem hereinreicht, das Brot, mit dem man zwei Tage auskommen muss, das Hinaustragen des Abortkübels, das alles bringt nicht viel Abwechslung in den Fluss der Zeit. Allmählich beginnt man miteinander zu sprechen. Man fängt sehr vorsichtig an, wegen des Spitzels.

électricien, Duponchel garçon boucher. On n'arrivait pas à en savoir autant du premier locataire de la piaule, avec ses dents serrées. Il parlait comme un monsieur. Bien que ce fût drôle à imaginer que ce pauvre bougre, écorché, avec ses mouches, pût être un monsieur, dans la vie, au-dehors. C'était un homme châtain clair, allant sur les quarante, avec des lèvres minces, et un cou épais. La barbe lui avait poussé, un peu de toutes les couleurs. Ce matin-là, on vint lui retirer les menottes. On avait dû, pour l'instant, renoncer à lui tirer les vers du nez.

Et aussi bien Joseph et l'autre, que les inspecteurs. Tout ce qu'on obtenait de lui, c'était cette affirmation féroce, se frottant sans fin les poignets meurtris : «Je n'ai rien dit... je n'ai rien dit... » A eux non plus, sauf qu'il s'appelait André Ménard.

Ils prétendaient être tous les trois des politiques. Cela aurait pu être une raison pour ne pas se méfier les uns des autres. Mais sait-on jamais ?

Duponchel avait dit, presque aussitôt dans la turne :

«Je donnerais bien deux sous, pour savoir ce qu'ils ont fait du commandant Arnaud ? »

Caulier n'était pas né de la veille : on savait, dans son organisation, que le commandant Arnaud, qui avait été chope trois semaines plus tôt, était le chef régional de l'Armée secrète. Il se le fit réexpliquer, l'air bête. Cette conversation n'intéressait pas du tout le troisième compagnon, qui avait bien assez à faire avec ses plaies. Sacré mouton !

Joseph war Elektriker, Duponchel Fleischergeselle. Von dem ersten Zelleninsassen mit den stets zusammengebissenen Zähnen bekam man nicht einmal soviel heraus. Er redete zwar wie ein feiner Herr, aber es war eine komische Vorstellung, dass dieser arme zerschundene Teufel, auf dem die Fliegen saßen, draußen im Leben ein feiner Herr sein sollte. Er war ein Mann gegen vierzig, mit hellbraunem Haar, schmalen Lippen und dickem Hals. Der Bart, der ihm gewachsen war, spielte in allen Farben. Diesen Morgen nahm man ihm die Handschellen ab. Für den Augenblick hatte man es aufgeben müssen, ihm die Würmer aus der Nase zu ziehen.

Joseph und der Dritte hatten es ebenso aufgegeben wie die Polizeibeamten. Alles, was man von ihm zu hören bekam, war diese grimmige Beteuerung: „Ich habe nichts gesagt... ich habe nichts gesagt...", und dazu rieb er unaufhörlich seine Handgelenke. Auch ihnen hatte er nicht mehr erzählt, als dass er André Ménard hieß.

Sie behaupteten alle drei, Politische zu sein. Das hätte ein Grund sein können, einer dem anderen nicht zu misstrauen. Aber kann man je sicher sein?

Duponchel hatte, kaum war er in der Zelle, schon gesagt: „Ich würde etwas darum geben, zu wissen, was sie mit dem Kommandanten Arnaud gemacht haben!"

Caulier seinerseits war kein heuriger Hase: man wusste in seiner Organisation, dass der Kommandant Arnaud, der vor drei Monaten verhaftet worden war, der Regionalchef der Geheimen Armee war. Mit einfältigem Gesicht ließ er es sich ein zweites Mal erklären. Den dritten Kameraden interessierte dieses Gespräch überhaupt nicht; er hatte wohl genug mit seinen Wunden zu tun. Verdammter Spitzel!

Un peu simple !

Caulier était très doux, très attentif, avec le premier locataire. Le grand pendard, lui, vous marchait sur les pieds que
c'était un beurre. Si on avait pu savoir de quelle organisation les autres prétendaient être... Avec des ruses de Sioux,
Joseph essayait de se renseigner. Mais il y avait le mouton.
Et peut-être bien que ce Joseph lui-même...

« Si au moins ils se dépêchaient, avait-il dit une fois, de
me désigner cet avocat d'office ! Maintenant qu'on ne peut
plus choisir... »

Et juste le lendemain, Duponchel était appelé par le sien.

« Tu as de la veine !

— Oh ! répondit-il, moi non plus je ne l'ai pas choisi. »

Pendant son absence, Joseph confia à Ménard :

« Pas si bête... Il veut me faire comprendre qu'il est du
Parti... histoire de se mettre bien avec moi... »

L'autre ne dit rien. Il pensait que toutes les chances
étaient pour que ce fût le géant, le mouton ; mais ce
Joseph... C'était peut-être lui qui voulait savoir...

« Moi, dit-il, mon avocat ne pouvait pas me voir... j'étais
au secret. »

Un bon point pour Joseph : il n'en demanda pas davantage.

Toujours est-il que, mouton ou pas, le géant se porta pâle
au bout de quatre ou cinq jours. Ces grands types, ça vous a
l'air solide, et puis des mauviettes ! Le régime du Palace ne

Ein bisschen zu durchsichtig!

Caulier war sehr rücksichtsvoll und zuvorkommend gegen den ersten Mieter der Zelle. Der Lange stieg einem rücksichtslos auf die Füße, dass es eine Schande war. Wenn man nur gewusst hätte, welcher Organisation die anderen anzugehören behaupteten... Mit der List eines Sioux versuchte Joseph es herauszubekommen. Aber man musste mit dem Spitzel rechnen. Und vielleicht war dieser Joseph selbst...

„Wenn sie sich wenigstens beeilen würden", hatte er einmal gesagt, „mir diesen Pflichtverteidiger zuzuweisen! Jetzt, wo man nicht mehr die Wahl hat..."

Und gerade am folgenden Tag wurde Duponchel zu dem seinen gerufen.

„Du hast aber Glück!"

„Oh,", antwortete er, „ich hab ihn mir auch nicht aussuchen können."

Während seiner Abwesenheit sagte Joseph vertraulich zu Ménard:

„Gar nicht so dumm... Er will mir zu verstehen geben, dass er bei der Partei ist... er will sich halt mit mir gutstellen..."

Der andere antwortete nicht. Er dachte, dass sehr wahrscheinlich der Riese der Spitzel war; aber dieser Joseph... Vielleicht wollte der herausbekommen...

„Mich konnte mein Anwalt nicht besuchen", sagte er, „ich war in Sonderhaft."

Ein Pluspunkt für Joseph: mehr wollte er nicht wissen.

Wie auch immer, ob er nun ein Spitzel war oder nicht, der Riese meldete sich nach vier oder fünf Tagen krank. Solche Riesenkerle, die sehen zwar kräftig aus, aber viel halten sie

lui convenait pas, faut croire. Il avait mal au ventre, il accaparait les commodités de l'endroit. Joseph était intarissable sur ce sujet. Il faut bien rire.

De la visite qui n'avait lieu que tous les trois jours, dans cette prison où il y avait douze cents détenus, dont mille malades, Duponchel revint dépité. Quant à Ménard, qui ne pouvait pas s'y rendre, le médecin avait dit à Duponchel qui avait osé lui en parler, qu'il n'allait tout de même pas se déranger *individuellement* pour tous ceux à qui on avait flanqué une tournée un peu vive : ça n'en aurait plus fini.

Les démangeaisons dévoraient Joseph, et à trois dans cet espace réduit, avec la chaleur, les odeurs, le manque d'air, il n'était pas rare qu'au matin l'un d'entre eux tournât de l'œil.

Une autre fois que Duponchel était avec son avocat, Joseph dit que qui veut trop prouver ne prouve rien. Qu'est-ce que c'était que tout ce zèle ? Attirer l'attention sur eux, pour quoi faire? Médecins, avocats... tous des mouchards... Il le répéta au mouton, quand celui-ci leur confia, très fier de lui, qu'il avait intéressé son défenseur à son sort, au régime ignoble de la prison.

« *Ton défenseur* ! Tu n'es pas cinglé ? Pourquoi tu ne l'appelles pas ta nourrice, pendant que tu y es ? »

Si on avait pu avoir des paquets seulement ! On la sautait, et qu'est-ce qu'on n'aurait pas donné pour un peu de tabac ! Ménard avait eu un colis dans les premiers jours, mais c'était loin.

« On y a droit, disait Duponchel.

nicht aus. Die Kost dieses Nobelhotels tat ihm anscheinend nicht gut. Er hatte Durchfall und nahm den diskreten Ort der Zelle in Beschlag. Für Joseph war es ein unerschöpfliches Thema. Über irgendwas muss man doch lachen.

Von der Krankenvisite, die in diesem Gefängnis, wo unter zwölfhundert Häftlingen tausend krank waren, nur alle drei Tage stattfand, kam Duponchel verärgert zurück. Was Ménard betraf, der zu schwach war hinzugehen, so gab der Arzt Duponchel, der ihn darauf aufmerksam gemacht hatte, zur Antwort, dass er nicht die Absicht hätte, sich *einzeln* um alle die zu kümmern, die man ein bisschen zu fest angerührt hatte: wo käme man da hin!

Joseph wurde vom Juckreiz verzehrt. Zu dritt in diesem engen Raum, in der Hitze, in dem Gestank, bei dem Mangel an Luft, kam es nicht selten vor, dass einer von ihnen am Morgen ohnmächtig wurde.

Ein anderes Mal, als Duponchel bei seinem Anwalt war, sagte Joseph, dass, wer allzuviel beweisen will, gar nichts beweist. Wozu war dieser Eifer gut? Wozu die Aufmerksamkeit auf sich ziehen? Ärzte, Anwälte... alles Polizeiagenten. Er wiederholte es auch vor dem Spitzel, als dieser, sehr stolz auf sich, ihnen anvertraute, dass es ihm gelungen war, seinen Verteidiger an seinem Los zu interessieren, an der schändlichen Gefängniskost.

„*Dein Verteidiger!* Bist du ganz blöd? Warum nennst du ihn nicht gleich deine Amme, wenn du schon dabei bist?"

Wenn man wenigstens hätte Pakete bekommen können! Der Magen knurrte einem; und was hätte man nicht für ein bisschen Tabak gegeben! Ménard hatte in den ersten Tagen ein Paket bekommen, aber das war lange her.

„Man hat ein Recht darauf", sagte Duponchel.

— Tiens, tu me fais marrer, avec tes droits, s'exclamait Joseph. On a le droit... on n'a pas le droit... Quand ils te passent un colis, tu dis merci, et ça fait la rue Michel[*] ! »

Pour la sauter, on la sautait. Et cette paille sur toutes les choses.

Le jour que la porte s'ouvrit à une heure inhabituelle et que le gardien, pas le camus, un autre, au teint de navet, entra — une inspection ! — avec un grand diable maigre qui se grattait le nez à propos de bottes, on n'en attendait rien de bon. Ce fut une drôle de surprise, quand le grand diable piqua une colère, on ne comprenait même pas contre qui, et le gardien moins qu'un autre. Il avait pris la main de Joseph, il lui écartait les doigts :

« Mais ce type-là a la gale... et celui-là aussi... »

Duponchel, tout ahuri, disait que lui c'était son ventre.

« Puisque je vous dis que vous avez la gale ! »

Bon, bon. Si ça lui faisait plaisir ! Il se penchait, le docteur, car c'était un docteur, sur le troisième larron, chassait les mouches :

« Une honte, disait-il, une honte ! »

Il avait une façon à lui de faire siffler l'*h* aspiré de *honte*.

C'était surtout ça qui frappa Joseph. Le gardien essayait de dire que c'était ces salopards, des dégoûtants qu'on ne peut pas forcer à tenir leur taule propre...

Ah ! là là ! S'il se fit enguirlander, la face de navet !

« Taisez-vous ! Une honte ! des Français, traiter comme ça des Français ! »

---

[*] **ça fait la rue Michel:** = ça fait le compte, d. h. und damit Schluss. Wortspiel auf den Namen der rue Michel-le-Comte in Paris.

„Du gefällst mir mit deinen Rechten", rief Joseph aus.
„Man hat das Recht... man hat gar kein Recht! Wenn sie dir
ein Paket übergeben, dann sagst du danke schön, und damit
Schluss!"

Und hungern? Man hungerte eben. Und dazu dieses
Stroh, das an allem haften blieb!

Als sich eines Tages die Tür zu einer ungewohnten Stunde
öffnete und der Aufseher, nicht der Stumpfnasige, sondern
einer mit einem Kohlrübengesicht, hereinkam – Achtung,
Inspektion! – zusammen mit einem langen, mageren Kerl, der
sich immerzu grundlos an der Nase kratzte, erwartete man sich
nichts Gutes. Es war keine kleine Überraschung, als der lange
Kerl plötzlich wütend wurde – man begriff nicht einmal auf
wen, und der Aufseher am allerwenigsten. Er hatte die Hand
Josephs ergriffen und zog ihm die Finger auseinander:

„Aber dieser Bursche hat ja Krätze... und der ebenfalls..."

Duponchel sagte ganz verblüfft, bei ihm sei es der Bauch.

„Wenn ich Ihnen schon sage, dass Sie Krätze haben!"

Schon gut, wenn es ihm Freude machte! Der Doktor –
denn es war ein Doktor – beugte sich über den Dritten und
verscheuchte die Fliegen:

„Eine Sch... ande!" sagte er. Er hatte eine merkwürdige
Art, den Anfang des Wortes hinzuziehen.

Das verblüffte Joseph mehr als alles andere. Der Aufseher
versuchte zu sagen, dass das Schmutzfinken seien,
Dreckskerle, die man nicht dazu bringen könne, ihr Quartier
rein zu halten...

Gar nicht schlecht, wie er das Rübengesicht dafür
anschnauzte:

„Schweigen Sie! Eine Sch...ande! Franzosen so zu behan-
deln!"

Les voix s'éloignaient, aigres. Dans la cellule, Joseph répétait :

« Une h-onte ! une h-onte ! »

En attendant, on les transporta tous les trois, le même jour, dans une voiture cahotante, avec un garde mobile assis dedans à côté d'eux, à cette clinique, sur la colline, qui faisait infirmerie spéciale, depuis que celle de la prison était si pleine qu'on ne pouvait s'y retourner. L'étrange sentiment, de la prison à la clinique, de traverser cette ville inquiète et ramassée, où ils avaient vécu libres, mêlés aux épisodes d'une lutte qui se poursuivait sans eux.

C'était une clinique privée, pas très moderne, avec de vastes salles, basses de plafond. Elle avait servi, avant-guerre, pour les ouvriers des grandes usines, là-bas ; le service social, comme ils disent... Maintenant que c'était une dépendance de la prison, il y avait un drôle de mélange d'infirmières et de gardes, et la nuit les petites lampes bleues, toujours allumées, faisaient qu'on se serait réveillé rien que pour les regarder luire après ces ténèbres de la prison.

Le même toubib, qui les avait envoyés, vint les voir à la clinique : ils étaient dans trois lits côte à côte, et Joseph était devenu très copain avec le monsieur (comme il disait), toujours aussi taciturne. Mais tous les deux se méfiaient encore du mouton. D'autant que le mouton avait un jour demandé, se penchant de son lit après la frotte :

«Dis donc, Joseph, tu n'as pas entendu dire... le com-

Die scharfen Stimmen entfernten sich. In der Zelle machte Joseph den Arzt nach: „Eine Sch... ande! Eine Sch... ande!"

Jedenfalls wurden sie alle drei noch am selben Tag in einem holprigen Wagen, mit einem Bereitschaftspolizisten neben ihnen, in jene Klinik auf dem Hügel gebracht, die als Spezial-Krankenabteilung diente, seit die des Gefängnisses so überfüllt war, dass man sich darin nicht mehr umdrehen konnte. Es war ein seltsames Gefühl auf dem Weg zwischen Gefängnis und Klinik, durch diese ruhelose, dichtbebaute Stadt zu fahren, in der sie als freie Menschen gelebt hatten, Teilnehmer der Episoden eines Kampfes, der nun ohne sie weiterging.

Es war eine Privatklinik; nicht sehr modern, mit weiten, niedrigen Sälen. Sie hatte vor dem Krieg den Arbeitern der großen Fabriken am Fuß des Hügels gedient; der Sozialfürsorge, wie man das nannte... Jetzt gehörte sie zum Gefängnis, es gab da ein merkwürdiges Nebeneinander von Krankenschwestern und Wachtposten; und die kleinen blauen Lampen, die die ganze Nacht brannten, ließen einen immer wieder aufwachen, nur um ihr Licht, nach der Finsternis des Gefängnisses, leuchten zu sehen.

Derselbe Arzt, der ihre Überführung veranlasst hatte, übernahm auch ihre Behandlung in der Klinik; sie lagen in drei nebeneinander stehenden Betten, und Joseph hatte sich mit dem feinen Herrn, wie er ihn nannte, der noch immer so schweigsam war, sehr angefreundet. Aber alle beide misstrauten nach wie vor dem Spitzel. Um so mehr, als der Spitzel sich eines Tages nach der Einreibung aus dem Bett herübergebeugt und gefragt hatte:

„Sag einmal, Joseph, hast du nichts davon gehört... der

mandant Arnaud ? Il paraît qu'ils l'ont torturé, le commandant Arnaud. »

Pour une gale et rien de plus, c'était inouï d'être main-
tenus dans un lit, à la clinique. Le toubib avait envoyé promener l'infirmière-chef qui le lui faisait observer. Un brave
homme, que ce toubib ! Paraît qu'il faisait nettoyer la prison
tout entière, qu'il avait soulevé tout un barouf à ce sujet... Il
prétendait qu'il y avait du typhus et peut-être qu'il y en
avait ? Il gardait ses trois bonshommes en observation.

Quand l'inspecteur Bellême avait voulu reprendre l'interrogatoire de son patient, le toubib, qui était inspecteur de
l'Hygiène du département, une espèce de préfet sanitaire,
quoi ! il lui avait drôlement sonné les cloches : sous aucun
prétexte, vous m'entendez ? Où vous croyez-vous ? Qui est
le maître ici ? et autres gentillesses. Tout le monde rigolait
dans les lits. Même le principal intéressé. Il filait doux, l'inspecteur Bellême, il ne savait plus où il en était.

« Et je vous ferai casser moi. Et ça ne continuera pas
longtemps comme ça ! Et c'est une honte ! une honte ! »

Même qu'après leur départ, on s'oublia jusqu'à bavarder
avec le mouton sur ce sujet. Et le mouton, qui avait de la
suite dans les idées, fit la gaffe :

« Je me demande, dit-il, ce qu'ils ont fait du commandant
Arnaud !... »

Cela rétablit le silence. Joseph fit des signes à Ménard.
Lui, qui arrivait maintenant à se soulever dans son lit, avec
ses poignets bandés, hocha la tête, les dents bien serrées,

Kommandant Arnaud? Es heißt, dass sie ihn gefoltert haben, den Kommandanten Arnaud."

Es war unerhört, wegen einer Krätze und weiter nichts so lange in einem Bett in der Klinik behalten zu werden. Der Arzt hatte die Oberschwester, die ihn darauf aufmerksam machte, hinausgeworfen. Ein anständiger Kerl, dieser Arzt! Angeblich ließ er das ganze Gefängnis aufräumen und hatte deswegen einen Riesenwirbel gemacht... Er behauptete, dass es darin Typhus gäbe, und wer weiß, vielleicht stimmte es? Er behielt seine drei Männer zur Beobachtung.

Als Inspektor Bellême das Verhör seines Patienten wiederaufnehmen wollte, hatte ihn der Arzt, der Gesundheitsinspektor des Departements war, eine Art Sanitätspräfekt, nicht übel angefahren: Unter keinerlei Vorwänden, haben Sie mich verstanden? Was glauben Sie denn, wo Sie sind? Wer ist hier verantwortlich? und andere Höflichkeiten mehr. Alle Leute in den Betten amüsierten sich, sogar der Hauptbetroffene. Inspektor Bellême machte sich sachte aus dem Staub, er wusste nicht mehr, wie er dran war.

„Ich werde Sie absetzen lassen. Und das wird nicht mehr lange so weitergehen! Es ist einfach eine Sch... ande, eine Sch... ande!"

Sie vergaßen sich nach seiner Abfahrt sogar so weit, mit dem Spitzel über die Sache zu sprechen. Und er, der scheinbar nur einen Gedanken hatte, verschnappte sich:

„Ich frage mich", sagte er, „was sie mit dem Kommandanten Arnaud gemacht haben...!"

Daraufhin erneutes Schweigen. Joseph gab Ménard ein Zeichen. Dieser, der sich mit seinen verbundenen Handgelenken jetzt schon im Bett aufrichten konnte, zuckte die

avec l'air de dire :

« Attends un peu qu'on soit libre, et il verra un peu, le mouton ! »

Les infirmières apportaient la tisane.

Tout de même, ça ne pouvait durer. On allait sûrement retourner dans son chez-soi, disait Joseph, la villégiature ici était trop demandée. Pas que la cuisine était fameuse, mais enfin il y avait du chou et de l'eau chaude, et même il y avait eu une fois des pommes de terre. Et puis, pour la conversation, la salle commune, c'était tout de même plus varié que le petit bastidon à trois avec ce monsieur trop bien élevé pour parler, et l'autre qui vous demandait, d'un air naïf, si on ne connaissait pas le commandant Chose ? Parce que si on avait connu le colonel Machin... Ah ! ma chère ! Il y avait aussi les cabinets, qui étaient presque des cabinets comme chez soi, avec une lucarne par où on voyait le ciel. Quand on allait à la salle d'opération, il paraît, parce que Joseph n'avait pas eu cette veine, qu'il y avait une fenêtre par où on voyait la ville... une grande ville trouée par une rivière, qui n'en finissait plus au loin, dans tous les sens ; une grande ville à quoi on rêvait pour tout ce qu'elle contenait, les gens, les choses, tout ce qui s'y tramait, tout ce qui continuait à s'y tramer, malgré les cocos en gris et vert qui paradaient dans les rues et qu'on voyait sortir de la caserne en chantant leurs marches funèbres et piquant du pied tous à la fois. Tous ceux qui étaient là-bas, libres, tout ce qu'il y avait d'audace, de courage, d'obstination.

Achseln und presste die Zähne zusammen, als wollte er sagen: „Wart nur ein bisschen, bis wir frei sind, dann wird er schon sehen, der Spitzel!"

Die Krankenschwestern brachten den Kamillentee.

Trotzdem konnte das nicht mehr lang so weitergehen. Man würde sicher bald „nach Hause" zurückkehren, wie Joseph sagte, die Sommerfrische hier war viel zu überlaufen. Nicht, dass die Küche berühmt gewesen wäre, aber schließlich bekam man Kohl und heißes Wasser, und einmal hatte es sogar Erdäpfel gegeben. Und dann war der gemeinsame Saal für die Unterhaltung doch abwechslungsreicher als dieses kleine Häuschen zu dritt, mit diesem feinen Herrn, der zu wohlerzogen war, um zu sprechen, und dem andern, der einen so ganz naiv fragte, ob man nicht den Kommandanten Sowieso kenne? Denn wenn man den Oberst Dingsda gekannt hätte, ja dann... Außerdem gab es Klosette, die fast wie die Klosette zu Hause waren, mit einer kleinen Luke, durch die man den Himmel sah. Wenn man in den Operationssaal kam, gab es sogar – angeblich, denn Joseph hatte dieses Glück nicht gehabt – ein Fenster, durch das man die Stadt sehen konnte... eine große, von einem Fluss durchzogene Stadt, die, so weit das Auge reichte, kein Ende nahm; eine große Stadt, von der man träumte, wegen allem, was es in ihr gab, Menschen und Dinge, und wegen allem, was in ihr angezettelt wurde, weiterhin angezettelt wurde, trotz der graugrünen Kerle, die in den Straßen paradierten und die man, ihre Trauermärsche singend und die Beine im Takt hebend, aus der Kaserne herausmarschieren sah. Wegen all jener, die dort unten in Freiheit waren, wegen der Kühnheit, dem Mut und der Hartnäckigkeit, die dort zu Hause waren.

De temps à autre, le matin, on entendait, au loin, une explosion sourde ; et les malades se dressaient sur leur lit, et des voix basses disaient : « Tu l'as entendu, celui-là ? » Même des gardes, à la porte, une fois... Joseph allait commencer à dire quelque chose à ce sujet, mais le monsieur lui fit les gros yeux. C'était vrai ! Il avait oublié le mouton.

Bon. Mais quand, un matin, les Boches* se présentèrent à la clinique, un civil et deux militaires, et les militaires avaient sorti leurs feux, tandis que la voiture et le chauffeur attendaient au-dehors, qu'est-ce que vous vouliez que les gardes et les infirmières fassent ? Ils ont bien demandé de montrer un mandat signé du préfet, ou quelque chose dans ce genre, mais les autres ont montré leur revolver, et dit :

« Voilà notre mandat ! »

Et le civil a prononcé le mot *Gestapo* comme il aurait dit *Sésame,* et cela ne l'a pas impressionné quand les gardiens ont menacé de téléphoner à la préfecture. Ils réclamaient trois hommes pour les emmener. Ils sont entrés sur les pas de l'infirmière dans la salle, au milieu des malades, sans s'occuper des protestations.

Et qu'on les fasse s'habiller un peu plus vite que ça ! Il a bien fallu que Caulier, Joseph, le premier appelé, se grouillât, l'un des soldats a commencé de lui caresser les côtes à coups de crosse ; et Duponchel, le mouton, lui, c'est avec le pied au derrière qu'ils l'ont fait radiner. Mais le pis, ç'a été pour le monsieur.

« Ménard, André, allons, pressons ! »

Il ne pouvait pas se tenir debout et ses plaies n'étaient pas

---

* **Boches:** franz. Schimpfname für Deutsche.

Von Zeit zu Zeit hörte man am Morgen in der Ferne eine dumpfe Explosion; die Kranken in ihren Betten richteten sich auf und gedämpfte Stimmen sagten: „Hast du das gehört?" Sogar die Aufseher an der Tür hatten einmal... Joseph war im Begriff, etwas darüber zu sagen, aber der feine Herr gab ihm mit den Augen ein Zeichen. Richtig! Er hatte auf den Spitzel vergessen.

Nun gut. Als aber eines Morgens die Boches* in der Klinik erschienen, ein Zivilist und zwei Militärs, und die Militärs ihre Pistolen zogen, während der Wagen und der Chauffeur draußen warteten, was hätten da die Aufseher und die Krankenschwestern machen sollen? Sie verlangten zwar, dass sie eine vom Präfekten unterzeichnete Vollmacht oder etwas derartiges vorweisen sollten, aber die anderen zeigten auf ihre Revolver und sagten:

„Hier ist unsere Vollmacht!"

Und der Zivilist hat das Wort *Gestapo* ausgesprochen, als hätte er gesagt „*Sesam, öffne dich*", und es machte keinerlei Eindruck auf ihn, als die Aufseher drohten, die Präfektur anzurufen. Sie verlangten die Auslieferung von drei Männern. Sie folgten der Krankenschwester auf dem Fuß in den Saal mitten unter die Kranken, ohne sich um Proteste zu kümmern.

Und mit dem Anziehen soll man sich ein bisschen beeilen! Caulier, Joseph, der erste Aufgerufene, musste sich schon ein bisschen tummeln; einer der Soldaten begann ihm mit dem Kolben die Rippen zu streicheln; und Duponchel, den Spitzel, brachten sie mit einem Fußtritt in den Hintern auf Trab. Aber am schlimmsten war es für den feinen Herrn.

„Ménard, André, los, Beeilung!"

Er konnte sich nicht aufrecht halten, seine Wunden waren

fermées, on le savait. Les Fritz, ça ne respecte rien.

Ils vous l'ont empoigné, faut voir. Allez, allez. Dans les lits, les autres grondaient. Alors, ils ont tourné leurs revolvers vers les lits. On s'est tenu tranquille, bien sûr. L'homme de la Gestapo fit empoigner le monsieur sous les bras par les deux autres, et en route ! Toujours sous la menace des revolvers.

« Pour un sale coup », pensait Joseph. Et aussi il regardait avec ironie ce pauvre mouton géant ! Embarqué dans une sale affaire : les Boches, ils vous bousillent tout sans y voir de si près. Une des infirmières, qu'il avait remarquée, qui n'était pas chien, il faut dire, s'essuyait les yeux ; et on voyait bien que même les gardiens rageaient.

Comme on passait la porte, Joseph eut une sorte d'éblouissement : devant eux, au pied de la colline, dans le grand soleil libre, la ville... Elle avait l'air tout en argent, les toits papillotaient, et la rivière s'y ouvrait un beau chemin clair et sinueux. Dans le lointain, fumaient des usines, un parc faisait une grande tache verte, et on ne sait pourquoi de hautes maisons blanches semblaient surgir sur l'horizon, comme des palais de contes de fées, on entendait le bruit des tramways, il y avait des rues pleines de monde, il était tout juste midi... Ah ! ceux qui étaient là-bas, libres, libres... ceux qui continuaient la lutte...

Joseph en oublia de bien soutenir son camarade, qui trébucha. L'homme de la Gestapo jura en allemand, et, à son grand étonnement, Joseph entendit le mouton dire tout bas, au monsieur :

noch nicht verheilt, das wusste man doch. Die Scheiß-
deutschen nehmen auf nichts Rücksicht.

Wie sie den angepackt haben, das muss man gesehen
haben. Los, vorwärts! Die anderen in den Betten murrten.
Da richteten sie ihre Pistolen auf die Betten. Da wurde es
natürlich still. Der Gestapomann befahl den zwei anderen,
den feinen Herrn unter den Armen zu stützen, und los
ging's! Immer von den Pistolen bedroht.

„So ein verfluchtes Pech!" dachte Joseph. Und dabei sah
er spöttisch auf den armen Riesenspitzel! Auch in diese
dreckige Sache hineingezogen! Die Boches stecken alle ein,
ohne so genau hinzuschauen. Eine von den Krankenschwestern, die ihm schon früher aufgefallen war und die
anständig war, das muss man sagen, wischte sich die Augen;
und man sah recht gut, dass selbst die Aufseher voll Wut
waren.

Als man durchs Tor kam, war Joseph wie geblendet: vor
ihnen, am Fuß des Hügels, in der großen, freien Sonne lag
die Stadt... Sie sah ganz wie aus Silber aus, die Dächer glit-
zerten, und der Fluss bahnte sich darin seinen hellen,
gewundenen Weg. In der Ferne rauchten Fabriken, ein Park
bildete einen großen, grünen Fleck, und hohe, weiße Häuser
schienen – man wusste nicht wieso – am Rand des
Horizonts wie Märchenschlösser aufzusteigen; man hörte
den Lärm der Straßenbahnen, die Straßen waren voller
Menschen, es war gerade Mittag... Ach, die da unten waren
frei, frei... die führten den Kampf weiter...

Joseph vergaß darüber, seinen Kameraden gut zu stützen,
so dass dieser stolperte. Der Gestapomann fluchte auf
deutsch, und zu seinem großen Erstaunen hörte Joseph den
Spitzel ganz leise zu dem feinen Herrn sagen:

« Du courage, mon commandant, du courage ! »

Il n'eut pas le temps de bien réfléchir. On les poussait dans la voiture, et fouette cocher ! Une grande bagnole spacieuse, marquée WH*. On y était entassé avec les quatre Boches, et on décrivit la courbe devant la clinique, par le jardin. Tiens, on tournait à droite, pas vers la ville.

C'est alors que l'homme de la Gestapo poussa un Ouf! sonore, et se penchant vers le monsieur :

«Vous m'excuserez, mon commandant; j'espère qu'on ne vous a pas fait trop mal ? »

Comment, comment ? Le mouton rigolait, rigolait :

« Tu en faisais une tête, mon pauvre Joseph, quand je te parlais du commandant Arnaud ! Eh bien, mes renseignements n'étaient pas trop mauvais, pas, Maurice ? D'abord, je n'étais pas sûr d'avoir reconnu le commandant... Mais quand le docteur est venu, il m'a dit que c'était bien lui... Un chic type, le docteur ! »

L'homme en civil acquiesça :

« Vous pourrez le remercier, le docteur. Il avait bien combiné son affaire... Dès que l'avocat a été le voir de ta part... Ah! j'ai un paquet pour toi... de ta femme... Et toi, Caulier, ne fais pas cette gueule-là. Tu ne vas pas pleurer, des fois ? »

Caulier n'allait pas pleurer, bien sûr. Mais il se creusait la tête. Maurice... Maurice... je l'ai vu quelque part, ce gars-là ! Le commandant Arnaud, lui, disait tout simplement :

« Vous savez... je n'ai rien dit... »

---

* **WH:** Kürzel für **Wehrmacht Heer**

„Mut, Herr Kommandant, Mut!"

Er hatte nicht Zeit, richtig nachzudenken. Man stieß sie ins Auto, und der Chauffeur gab Gas! Es war ein großer, geräumiger Wagen mit dem Zeichen WH*. Sie waren darin mit den vier Boches zusammengepfercht und fuhren jetzt die große Kurve vor der Klinik entlang durch die Gartenanlage. Sonderbar, man wandte sich nach rechts, nicht der Stadt zu!

Und da stieß der Gestapomann plötzlich ein lautes Uff aus und beugte sich zu dem feinen Herrn: „Sie müssen entschuldigen, Herr Kommandant, ich hoffe, wir haben Ihnen nicht allzu weh getan?"

Was? Wie? Der Spitzel lachte übers ganze Gesicht:

„Hast du ein Gesicht gemacht, armer Joseph, als ich vom Kommandanten Arnaud sprach! Na, meine Informationen waren nicht allzu schlecht, was, Maurice? Anfangs war ich nicht ganz sicher, ob ich den Kommandanten nach der Beschreibung erkannt hatte... Aber als der Doktor gekommen ist, hat er mir gesagt, dass er es war... Ein feiner Kerl, der Doktor!"

Der Mann in Zivilkleidern stimmte bei:

„Sie können sich beim Doktor bedanken. Er hat seinen Plan sehr fein ausgearbeitet... Sobald der Advokat auf dein Betreiben bei ihm gewesen war... Ah, ich hab ein Paket für dich... von deiner Frau... Und du, Caulier, mach kein solches Gesicht. Willst du vielleicht zu heulen anfangen?"

Caulier würde nicht heulen, das war klar. Aber er zermarterte sich den Kopf. Maurice... Maurice... ich hab den Burschen schon irgendwo gesehen! Der Kommandant Arnaud sagte ganz einfach:

„Wisst ihr... ich habe nichts gesagt..."

Brusquement, Joseph se souvint :

« Je me disais aussi... En 1932, au rayon de V***. Tu es Pierrot, je te remets ! »

Et Maurice lui fit observer :

« Puisqu'on te dit que je m'appelle Maurice... Non, alors, pour un camarade, tu n'es pas rapide ! »

L'auto s'enfonçait dans la campagne. A côté de Joseph, l'un des soldats sifflotait *La Marseillaise*.

« Alors, ça ! » s'exclama Maurice, tout à coup catastrophé.

Il se tâtait les poches.

« Quoi donc ?

— Je suis un triple imbécile, un imprudent, j'ai oublie... c'est impardonnable ! »

Ils s'inquiétèrent :

« Mais quoi ? »

Et Maurice, tout à coup joyeux :

« Non ! les voilà ! Les cigarettes ! »

Louis ARAGON, *Le mouton*, extrait de *Servitude et grandeur des Français*

Plötzlich kam Joseph die Erinnerung:

„Ich hab es mir gleich gedacht... 1932, in der Gegend von V***. Du bist Pierrot, ich erkenn dich wieder!"

Maurice gab ihm zu bedenken:

„Wenn man dir schon sagt, dass ich Maurice heiße... Also für einen Kameraden hast du eine lange Leitung!"

Das Auto fuhr immer weiter ins Land hinein. Der eine Soldat neben Joseph pfiff die *Marseillaise*.

„Also so etwas!" rief Maurice auf einmal ganz niedergeschmettert aus.

Er fühlte seine Taschen ab.

„Was denn?"

„Ich dreifacher Idiot, ich unvorsichtiger, ich hab sie vergessen... das ist unverzeihlich!"

Sie wurden unruhig:

„Aber was denn?"

Und Maurice, plötzlich überglücklich:

„Nein! Da sind sie ja, die Zigaretten!"

Eugène Ionesco

Rhinocéros

Nashörner

Eugène Ionesco

Rhinocéros

A la mémoire d'André Frédérique.

Nous discutions tranquillement de choses et d'autres, à la terrasse du café, mon ami Jean et moi, lorsque nous aperçûmes, sur le trottoir d'en face, énorme, puissant, soufflant bruyamment, fonçant droit devant lui, frôlant les étalages, un rhinocéros. A son passage, les promeneurs s'écartèrent vivement pour lui laisser le chemin libre. Une ménagère poussa un cri d'effroi, son panier lui échappa des mains, le vin d'une bouteille brisée se répandit sur le pavé, quelques promeneurs, dont un vieillard, entrèrent précipitamment dans les boutiques. Cela ne dura pas le temps d'un éclair. Les promeneurs sortirent de leurs refuges, des groupes se formèrent qui suivirent du regard le rhinocéros déjà loin, commentèrent l'événement, puis se dispersèrent.

Mes réactions sont assez lentes. J'enregistrai distraitement l'image du fauve courant, sans y prêter une importance exagérée. Ce matin-là, en outre, je me sentais fatigué, la bouche arrière, à la suite des libations de la veille : nous avions fêté l'anniversaire d'un camarade. Jean n'avait pas été de la partie; aussi, le premier moment de saisissement passé :

<small>EUGÈNE IONESCO</small>

NASHÖRNER

Zur Erinnerung an André Frédérique.

Wir plauderten über dies und jenes auf der Terrasse des Cafés, mein Freund Jean und ich, als wir auf dem gegenübergelegenen Trottoir, riesig, mächtig, laut schnaufend, vorwärtsstürmend, die Warenstände umreißend, ein Nashorn erblickten. Die Passanten stoben heftig auseinander, um ihm den Weg freizugeben. Eine Frau stieß einen Angstschrei aus, ihre Hände ließen die Einkaufstasche fallen, und Wein ergoss sich aus einer zerschellten Flasche über das Pflaster; einige Spaziergänger, unter ihnen ein Greis, traten hastig in die Läden. Alles geschah blitzschnell. Die Fußgänger verließen wieder ihre Zuflucht, Menschengruppen bildeten sich und folgten mit Blicken dem schon weit entfernten Nashorn, besprachen das Ereignis und zerstreuten sich.

Ich bin ziemlich langsam in meinen Reaktionen. Teilnahmslos nahm ich das Bild des laufenden Tieres in mich auf, ohne ihm übertriebene Wichtigkeit beizumessen. Zudem fühlte ich mich müde an jenem Morgen, ich verspürte einen bitteren Geschmack im Mund, die Folgen einer Zecherei am Abend zuvor: Wir hatten den Geburtstag eines Kollegen gefeiert. Jean war nicht mit uns gewesen, deshalb rief er auch nach den ersten Augenblicken der Bestürzung aus:

— Un rhinocéros en liberté dans la ville! s'exclama-t-il, cela ne vous surprend pas? On ne devrait pas le permettre.

— En effet, dis-je, je n'y avais pas pensé. C'est dangereux.

— Nous devrions protester auprès des autorités municipales.

— Peut-être s'est-il échappé du Jardin zoologique, fis-je.

— Vous rêvez! me répondit-il. Il n'y a plus de Jardin zoologique dans notre ville depuis que les animaux ont été décimés par la peste au XVIIe siècle.

— Peut-être vient-il du cirque?

— Quel cirque? La mairie a interdit aux nomades de séjourner sur le territoire de la commune. Il n'en passe plus depuis notre enfance.

— Peut-être est-il resté depuis lors caché dans les bois marécageux des alentours, répondis-je en bâillant.

— Vous êtes tout à fait dans les brumes épaisses de l'alcool...

— Elles montent de l'estomac...

— Oui. Et elles vous enveloppent le cerveau. Où voyez-vous des bois marécageux dans les alentours? Notre province est surnommée la Petite Castille, tellement elle est désertique.

— Peut-être s'est-il abrité sous un caillou? Peut-être a-t-il fait son nid sur une branche desséchée?

— Vous êtes ennuyeux avec vos paradoxes. Vous êtes incapable de parler sérieusement.

— Aujourd'hui surtout.

— Aujourd'hui autant que d'habitude.

— Ne vous énervez pas, mon cher Jean. Nous n'allons pas nous quereller pour ce fauve...

„Ein frei umherlaufendes Nashorn in der Stadt! Überrascht Sie das nicht? Das müsste verboten werden!"

„Das ist wahr", erwiderte ich, „ich dachte nicht daran. Es ist gefährlich."

„Wir sollten bei den städtischen Behörden Einspruch erheben."

„Vielleicht ist es dem Zoo entflohen", meinte ich.

„Sie träumen wohl!" erwiderte er. „In unserer Stadt gibt es keinen zoologischen Garten mehr seit dem siebzehnten Jahrhundert, als die Tiere von der Pest dahingerafft wurden."

„Es stammt vielleicht aus dem Zirkus."

„Aus welchem Zirkus? Die Stadt hat dem reisenden Volk den Aufenthalt im Gemeindebezirk doch untersagt. Seit unserer Kindheit kommt kein Zirkus mehr hierher."

„Wahrscheinlich hat es sich seit damals in den morastigen Wäldern der Umgebung verborgen gehalten", antwortete ich gähnend.

„Sie stehen ganz unter dichten Alkoholdämpfen..."

„Sie steigen vom Magen herauf..."

„Gewiss; und sie umhüllen das Gehirn. Wo sehen Sie morastige Wälder in der Umgebung? Unsere Provinz wird auch ‚Das Kleine Kastilien' genannt, so öde ist sie."

„Es hat sich vielleicht unter einem Stein verborgen gehalten? Vielleicht hat es sich ein Nest auf einem verdorrten Zweig errichtet?"

„Sie langweilen mich mit Ihren Widersinnigkeiten. Sie sind nicht imstande, ernsthaft zu sprechen."

„Heute vor allem nicht."

„Heute ebenso wie gewöhnlich."

„Regen Sie sich nicht auf, mein lieber Jean. Wir wollen uns wegen dieses Tieres nicht streiten..."

Nous changeâmes de sujet de conversation et nous nous remîmes à parler du beau temps et de la pluie qui tombait si rarement dans la région, de la nécessité de faire venir, dans notre ciel, des nuages artificiels et d'autres banales questions insolubles.

Nous nous séparâmes. C'était dimanche. J'allai me coucher, dormis toute la journée : encore un dimanche raté. Le lundi matin j'allai au bureau, me promettant solennellement de ne plus jamais m'enivrer, surtout le samedi, pour ne pas gâcher les lendemains, les dimanches. En effet, j'avais un seul jour libre par semaine, trois semaines de vacances en été. Au lieu de boire et d'être malade, ne valait-il pas mieux être frais et dispos, passer mes rares moments de liberté d'une façon plus intelligente : visiter les musées, lire des revues littéraires, entendre des conférences? Et au lieu de dépenser tout mon argent disponible en spiritueux, n'était-il pas préférable d'acheter des billets de théâtre pour assister à des spectacles intéressants? Je ne connaissais toujours pas le théâtre d'avant-garde, dont on parlait tant, je n'avais vu aucune des pièces de Ionesco*. C'était le moment ou jamais de me mettre à la page.

Le dimanche suivant, je rencontrai Jean, de nouveau, à la même terrasse.

— J'ai tenu parole, lui dis-je en lui tendant la main.

— Quelle parole avez-vous tenue? me demanda-t-il.

— J'ai tenu parole à moi-même. J'ai juré de ne plus boire. Au lieu de boire, j'ai décidé de cultiver mon esprit. Aujourd'hui, j'ai la tête claire. Cet après-midi je vais au

---

* **pièces de Ionesco:** Bis zur Erzählung *Rhinocéros* (1952) waren von Ionesco schon folgende Stücke auf kleinen Bühnen aufgeführt worden: *La cantatrice chauve, Les chaises, Las leçon, Victimes du devoir;* heute zählen sie zu den Klassikern des absurden Theaters.

Wir wechselten das Thema der Unterhaltung und begannen wieder vom Wetter zu sprechen, vom Regen, der so selten ist in dieser Gegend, von der Notwendigkeit, an unserem Himmel künstliche Wolken zu erzeugen, und von anderen banalen, unlösbaren Fragen.

Wir trennten uns. Es war Sonntag. Ich legte mich ins Bett und schlief den ganzen Tag: wieder ein vergeudeter Sonntag. Am Montagmorgen ging ich ins Büro und schwor mir feierlich, mich nie wieder zu betrinken, schon gar nicht am Samstag, um den folgenden Tag, den Sonntag, nicht zu verschleudern. Hatte ich doch nur jede Woche einen Tag frei und drei Wochen Urlaub im Sommer. Sollte ich da nicht besser, anstatt zu trinken oder krank zu sein, meine so geringe freie Zeit auf eine intelligentere Weise verbringen? Museen besuchen, Literaturzeitschriften lesen, mir Vorträge anhören? Und anstatt mein ganzes Geld in Alkohol umzusetzen, wäre es nicht besser, mir dafür Theaterkarten zu kaufen, um interessante Aufführungen zu sehen? Ich kannte noch immer nicht das Avantgarde-Theater, von dem man so viel sprach, immer noch hatte ich keines der Stücke von Ionesco[*] gesehen. Jetzt oder nie war der Augenblick gekommen, mich mit diesen Dingen zu befassen.

Am folgenden Sonntag traf ich Jean auf der gleichen Terrasse.

„Ich habe Wort gehalten", sagte ich und gab ihm die Hand.

„Welches Wort haben Sie gehalten?" fragte er mich.

„Ich habe mir selber Wort gehalten. Ich habe mir geschworen, nicht mehr zu trinken. Anstatt zu trinken, beschloss ich, etwas für meine Bildung zu tun. Heute habe ich einen klaren Kopf. Heute Nachmittag besuche ich das städ-

musée municipal, ce soir j'ai une place au théâtre. M'accompagnez-vous ?

— Espérons que vos bonnes intentions vont durer, répondit Jean. Mais je ne puis aller avec vous. Je dois rencontrer des amis à la brasserie.

— Ah, mon cher, c'est à votre tour de donner de mauvais exemples. Vous allez vous enivrer !

— Une fois n'est pas coutume, répondit Jean d'un ton irrité. Tandis que vous...

La discussion allait fâcheusement tourner, lorsque nous entendîmes un barrissement puissant, les bruits précipités des sabots d'un périsso-dactyle, des cris, le miaulement d'un chat; presque simultanément nous vîmes apparaître, puis disparaître, le temps d'un éclair, sur le trottoir opposé, un rhinocéros soufflant bruyamment et fonçant, à toute allure, droit devant lui.

Tout de suite après, surgit une femme tenant dans ses bras une petite masse informe, sanglante :

— Il a écrasé mon chat, se lamentait-elle, il a écrasé mon chat!

Des gens entourèrent la pauvre femme échevelée qui semblait l'incarnation même de la désolation, la plaignirent.

— Si ce n'est pas malheureux, s'écriaient-ils, pauvre petite bête!

Jean et moi nous nous levâmes. D'un bond nous traversâmes la rue, entourâmes la malheureuse :

— Tous les chats sont mortels, fis-je stupidement, ne sachant comment la consoler.

— Il est déjà passé la semaine dernière devant ma boutique! se souvint l'épicier.

— Ce n'était pas le même, affirma Jean. Ce n'était pas

tische Museum, für heute Abend habe ich eine Karte fürs Theater. Begleiten Sie mich?"

„Wir wollen hoffen, dass Sie Ihren guten Vorsätzen treu bleiben", antwortete Jean. „Aber ich kann Sie nicht begleiten. Ich bin mit Freunden in einer Kneipe verabredet."

„Sehen Sie, mein Guter, jetzt geben Sie ein schlechtes Beispiel. Sie werden sich betrinken."

„Einmal ist keinmal", erwiderte Jean leicht verärgert. „Sie dagegen..."

Das Gespräch nahm eine verhängnisvolle Wendung, als wir ein mächtiges Schnauben, das überstürzte Klappern von Hufen eines Dickhäuters, Schreie, das Miauen einer Katze vernahmen; fast gleichzeitig sahen wir, wie in Blitzeseile auf dem gegenüberliegenden Trottoir ein laut schnaubendes Nashorn auftauchte, vorbeistürmte und wieder verschwand.

Gleich darauf erschien eine Frau, die in ihren Armen eine kleine, blutende, gestaltlose Masse hielt:

„Es hat meine Katze zertrampelt", jammerte sie, „es hat meine Katze zertrampelt!"

Leute scharten sich um die arme, zerzauste Frau, eine wahre Verkörperung der Verzweiflung, und trösteten sie.

„Wie entsetzlich!" riefen sie, „das arme, kleine Tier!"

Jean und ich, wir erhoben uns. Mit einem Satz überquerten wir die Straße und gesellten uns zu der Unglücklichen.

„Alle Katzen sind sterblich", gab ich stupide meinen Senf hinzu, da ich nicht wusste, wie ich sie trösten sollte.

„Letzte Woche kam es schon an meinem Laden vorbei!" erinnerte sich der Lebensmittelhändler.

„Es war nicht dasselbe", behauptete Jean. „Es war nicht dasselbe: jenes letzter Woche hatte zwei Hörner auf der

le même : celui de la semaine dernière avait deux cornes sur le nez, c'était un rhinocéros d'Asie; celui-ci n'en a qu'une : c'est un rhinocéros d'Afrique.

— Vous dites des sottises, m'énervai-je. Comment avez-vous pu distinguer les cornes! Le fauve est passé à une telle vitesse, à peine avons-nous pu l'apercevoir; vous n'avez pas eu le temps de les compter...

— Moi, je ne suis pas dans le brouillard, répliqua vivement Jean. J'ai l'esprit clair, je calcule vite.

— Il fonçait tête baissée.

— Justement, on voyait mieux.

— Vous n'êtes qu'un prétentieux, Jean. Un pédant, un pédant qui n'est pas sûr de ses connaissances. Car, d'abord, c'est le rhinocéros d'Asie qui a une corne sur le nez; le rhinocéros d'Afrique, lui, en a deux!

— Vous vous trompez, c'est le contraire.

— Voulez-vous parier ?

— Je ne parie pas avec vous. Les deux cornes, c'est vous qui les avez, cria-t-il, rouge de colère, espèce d'Asiatique! (Il n'en démordait pas.)

— Je n'ai pas de cornes. Je n'en porterai jamais. Je ne suis pas Asiatique non plus. D'autre part, les Asiatiques sont des hommes comme tout le monde.

— Ils sont jaunes! cria-t-il, hors de lui. Jean me tourna le dos, s'éloigna à grands pas, en jurant.

Je me sentais ridicule. J'aurais dû être plus conciliant, ne pas le contredire : je savais, pourtant, qu'il ne le supportait pas. La moindre objection le faisait écumer. C'était son seul défaut, il avait un cœur d'or, m'avait rendu d'innombrables services. Les quelques gens qui étaient là et nous avaient écoutés en avaient oublié le chat écrasé de la pauvre femme.

Nase, es war ein asiatisches Nashorn; dieses hier hatte nur eines: es ist ein afrikanisches Nashorn."

„Sie reden dummes Zeug", erregte ich mich. „Wie konnten Sie Hörner unterscheiden! Die Bestie kam hier mit einer solchen Geschwindigkeit vorbei, dass wir sie kaum wahrnehmen konnten, geschweige denn, dass Sie die Zeit hatten, die Hörner zu zählen..."

„Ich bin ja auch nicht betrunken", entgegnete Jean heftig. „Ich habe einen klaren Kopf und rechne schnell."

„Gesenkten Kopfes stürmte es vorbei."

„Eben, man sah es besser."

„Sie sind ein Angeber, Jean. Ein Pedant; ein Pedant, der nicht genau weiß, was er sagt. Das asiatische Nashorn hat nämlich ein Horn, und das afrikanische hat zwei!"

„Sie täuschen sich, es ist umgekehrt."

„Wollen wir wetten?"

„Ich wette nicht mit Ihnen. Sie sind es, der zwei Hörner trägt", rief er rot vor Zorn. „Sie Asiatenabkömmling, Sie!" (Er gab nicht nach.)

„Ich trage keine Hörner. Niemals werde ich welche tragen. Auch bin ich kein Asiate. Und außerdem sind die Asiaten Menschen wie andere auch."

„Gelb sind sie!" schrie er außer sich. Jean drehte mir den Rücken und entfernte sich schimpfend mit großen Schritten.

Ich kam mir lächerlich vor. Ich hätte versöhnlicher sein und ihm nicht widersprechen sollen: ich wusste doch, dass er das nicht vertrug. Schon der geringste Widerspruch machte ihn fuchsteufelswild. Das war sein einziger Fehler. Er war ein herzensguter Mensch und hatte mir unzählige Dienste erwiesen. Die Leute, die dabei gewesen waren und uns zugehört hatten, hatten darüber die totgetretene Katze

Ils m'entouraient, discutaient : les uns soutenaient qu'en effet le rhinocéros d'Asie était unicorne, et me donnaient raison; les autres soutenaient au contraire que le rhinocéros unicorne était africain, donnant ainsi raison à mon préopinant.

— Là n'est pas la question, intervint un monsieur (canotier, petite moustache, lorgnon, tête caractéristique du logicien) qui s'était tenu jusque-là de côté sans rien dire. Le débat portait sur un problème dont vous vous êtes écartés. Vous vous demandiez au départ si le rhinocéros d'aujourd'hui est celui de dimanche dernier ou bien si c'en est un autre. C'est à cela qu'il faut répondre. Vous pouvez avoir vu deux fois un même rhinocéros portant une seule corne, comme vous pouvez avoir vu deux fois un même rhinocéros à deux cornes. Vous pouvez encore avoir vu un premier rhinocéros à une corne, puis un autre ayant également une seule corne. Et aussi, un premier rhinocéros à deux cornes, puis un second rhinocéros à deux cornes. Si vous aviez vu la première fois un rhinocéros à deux cornes, la seconde fois un rhinocéros à une corne, cela ne serait pas concluant non plus. Il se peut que depuis la semaine dernière le rhinocéros ait perdu une de ses cornes et que celui d'aujourd'hui soit le même. Il se peut aussi que deux rhinocéros à deux cornes aient perdu tous les deux une de leurs cornes. Si vous pouviez prouver avoir vu, la première fois, un rhinocéros à une corne, qu'il fût asiatique ou africain, et aujourd'hui un rhinocéros à deux cornes, qu'il fût, peu importe, africain ou asiatique, à ce moment-là nous pourrions conclure que nous avons affaire à deux rhinocéros différents, car il est peu pro-

der armen Frau vergessen. Sie scharten sich um mich und diskutierten: Die einen bestätigten, dass das asiatische Nashorn in der Tat einhörnig sei, und gaben mir recht; die anderen bekräftigten dagegen, dass das einhörnige Nashorn afrikanisch sei, und gaben darum meinem Vorredner recht.

„Darum handelt es sich ja gar nicht", mischte sich ein Herr ein (Strohhut, kleiner Schnurrbart, Augenglas, typischer Kopf eines Logikers), der sich bisher abseits gehalten und nichts gesagt hatte. „Die Auseinandersetzung betraf ein Problem, das Sie aus den Augen verloren haben. Sie fragten anfangs, ob das heutige Nashorn dasselbe vom letzten Sonntag oder ob es ein anderes sei. Darauf muss man eine Antwort finden. Sie können zweimal ein gleiches Nashorn, das nur ein Horn trug, gesehen haben, ebenso wie Sie zweimal ein gleiches Nashorn mit zwei Hörnern gesehen haben können. Auch können Sie ein erstes Nashorn mit einem Horn, dann ein anderes mit ebenfalls nur einem Horn gesehen haben. Dementsprechend können Sie ein erstes Nashorn mit zwei Hörnern, dann ein zweites mit zwei Hörnern gesehen haben. Hätten Sie das erstemal ein Nashorn mit zwei Hörnern, das zweitemal ein Nashorn mit einem Horn gesehen, würde das auch nichts beweisen. Es kann sein, dass während der letzten Woche das Nashorn eines seiner Hörner verloren hat und dass das heutige dasselbe ist. Auch kann es sein, dass zwei Nashörner mit zwei Hörnern beide eines ihrer Hörner verloren haben. Wenn Sie beweisen könnten, dass Sie das erstemal ein Nashorn mit einem Horn, sei es nun afrikanisch oder asiatisch, und heute ein Nashorn mit zwei Hörnern, wie auch immer es sei, afrikanisch oder asiatisch, gesehen haben, könnten wir sogleich daraus folgern, dass wir es mit zwei verschiedenen Nashörnern zu tun

bable qu'une deuxième corne puisse pousser en quelques jours, de façon visible, sur le nez d'un rhinocéros; cela ferait d'un rhinocéros asiatique ou africain, un rhinocéros africain ou asiatique, ce qui n'est pas possible en bonne logique, une même créature ne pouvant être née en deux lieux à la fois ni même successivement.

— Cela me semble clair, dis-je, mais cela ne résout pas la question.

— Évidemment, répliqua le monsieur en souriant d'un air compétent, seulement le problème est posé de façon correcte.

— Là n'est pas non plus le problème, repartit l'épicier qui, ayant sans doute un tempérament passionnel, se souciait peu de la logique. Pouvons-nous admettre que nos chats soient écrasés sous nos yeux par des rhinocéros à deux cornes ou à une corne, fussent-ils asiatiques ou africains?

— Il a raison, c'est juste, s'exclamèrent les gens. Nous ne pouvons permettre que nos chats soient écrasés, par des rhinocéros ou par n'importe quoi!

L'épicier nous montra d'un geste théâtral la pauvre femme en larmes tenant toujours dans ses bras, et la berçant, la masse informe, sanguinolente, de ce qui avait été son chat.

Le lendemain, dans le journal, à la rubrique des chats écrasés, on rendait compte en deux lignes de la mort de la pauvre bête, « foulée aux pieds par un pachyderme », disait-on sans donner d'autres détails.

Le dimanche après-midi, je n'avais pas visité les musées; le soir je n'étais pas allé au théâtre. Je m'étais morfondu,

haben, denn es ist kaum wahrscheinlich, dass ein zweites Horn in wenigen Tagen hinreichend sichtbar auf der Nase eines Nashorns wächst; das würde aus einem asiatischen oder afrikanischen Nashorn ein afrikanisches oder asiatisches Nashorn machen, was zufolge einer exakten Logik nicht möglich wäre, da dasselbe Geschöpf weder an zwei Orten zugleich noch nacheinander geboren sein kann."

„Das sehe ich ein", sagte ich, „es löst aber nicht das Problem."

„Natürlich nicht", entgegnete der Mann überlegen lächelnd, „die Frage ist nur auf korrekte Art gestellt."

„Auch das ist nicht das Problem", warf der Lebensmittelhändler ein, der vermutlich von leidenschaftlichem Temperament war und sich wenig um Logik kümmerte. „Können wir zulassen, dass unsere Katzen vor unseren Augen zertreten werden, gleichgültig, ob von zwei- oder einhörnigen Nashörnern, seien sie nun asiatisch oder afrikanisch?"

„Recht hat er. Ganz richtig", riefen die Leute. „Wir können nicht zulassen, dass unsere Katzen zertrampelt werden, von Nashörnern oder wovon auch immer!"

Der Lebensmittelhändler wies mit theatralischer Geste auf die arme, tränenüberströmte Frau, die in ihren Armen noch immer die blutige Masse, die ihre Katze gewesen war, hielt und wiegte.

Am nächsten Morgen berichtete man in der Zeitung unter der Rubrik ‚Katzenunfälle' in zwei Zeilen vom Tod des armen Tieres, „niedergetreten von einem Dickhäuter", hieß es, ohne weitere Einzelheiten.

Am Sonntagnachmittag hatte ich die Museen nicht besucht, abends war ich nicht ins Theater gegangen. Ich ver-

tout seul, à la maison, accablé par le regret de m'être querellé avec Jean.

« Il est tellement susceptible, j'aurais dû l'épargner », m'étais-je dit. « C'est absurde de se fâcher pour une chose pareille... pour les cornes d'un rhinocéros que l'on n'avait jamais vu auparavant... un animal originaire d'Afrique ou d'Asie, contrées si lointaines, qu'est-ce que cela pouvait bien me faire? Tandis que Jean, lui, au contraire était un ami de toujours qui... à qui je devais tant... et qui... »

Bref, tout en me promettant d'aller voir Jean le plus tôt possible et de me raccommoder avec lui, j'avais bu une bouteille entière de cognac sans m'en apercevoir. Je m'en aperçus ce lendemain-là justement : mal aux cheveux, gueule de bois, mauvaise conscience, j'étais vraiment très incommodé. Mais le devoir avant tout : j'arrivai au bureau à l'heure, ou presque. Je pus signer la feuille de présence à l'instant même où on allait l'enlever.

— Alors, vous aussi vous avez vu des rhinocéros? me demanda le chef qui, à ma grande surprise, était déjà là.

— Bien sûr, je l'ai vu, dis-je, en enlevant mon veston de ville pour mettre mon vieux veston aux manches usées, bon pour le travail.

— Ah, vous voyez! Je ne suis pas folle! s'écria Daisy, la dactylo, très émue. (Qu'elle était jolie, avec ses joues rosés, ses blonds cheveux! Elle me plaisait en diable. Si je pouvais être amoureux, c'est d'elle que je le serais...) Un rhinocéros unicorne!

— Avec deux cornes ! rectifia mon collègue, Emile Dudard, licencié en droit, éminent juriste, promis à un bril-

trödelte unnütz die Zeit, ganz allein, bei mir zu Hause, zerknirscht darüber, mich mit Jean gestritten zu haben.

„Er ist so empfindlich, ich hätte nachsichtig mit ihm sein sollen", sagte ich mir. „Es ist albern, sich über so etwas zu ärgern... über die Hörner eines Nashorns, das man nie zuvor gesehen hat... über ein Tier aus Afrika oder Asien, aus so weit entlegenen Gegenden, was kümmert mich das schon? Ganz anders Jean, er dagegen war ein Freund fürs Leben, der... dem ich so viel verdankte... und den..."

Kurz, indem ich mir fest vornahm, Jean sobald wie möglich aufzusuchen und mich mit ihm zu versöhnen, hatte ich eine ganze Flasche Cognac getrunken, ohne es zu merken. Am nächsten Morgen merkte ich es dann um so deutlicher: mit schmerzendem Kopf, trockenem Mund, schlechtem Gewissen fühlte ich mich wirklich sehr unbehaglich. Aber die Pflicht rief: ich kam noch gerade rechtzeitig ins Büro. Ich konnte die Anwesenheitsliste noch im letzten Augenblick abzeichnen, ehe man sie fortholen wollte.

„Na, haben Sie denn auch Nashörner gesehen?" fragte mich der Chef, der zu meinem großen Erstaunen bereits da war.

„O ja, ich sah sie auch", sagte ich und legte meine Ausgehjacke ab, um eine alte mit abgeschabten Ärmeln anzuziehen, für die Arbeit gerade recht.

„Ha, seht ihr's! Ich bin nicht verrückt!" rief Daisy, die Sekretärin, ganz erregt. (Wie hübsch war sie doch mit ihren geröteten Wangen, ihren blonden Haaren. Sie gefiel mir verdammt gut. Könnte ich in jemanden verliebt sein, dann in sie...) „Ein einhörniges Nashorn!"

„Ein zweihörniges!" verbesserte mein Kollege Emile Dudard, Assessor und blendender Jurist, dem eine vielver-

lant avenir dans la maison et, peut-être, dans le cœur de Daisy.

— Moi je ne l'ai pas vu! Et je n'y crois pas! déclara Botard, ancien instituteur qui faisait fonction d'archiviste. Et personne n'en a jamais vu dans le pays, sauf sur les images dans les manuels scolaires. Ces rhinocéros n'ont fleuri que dans l'imagination des bonnes femmes. C'est un mythe, tout comme les soucoupes volantes*.

J'allais faire remarquer à Botard que l'expression « fleurir » appliquée à un ou plusieurs rhinocéros me semblait impropre, lorsque le juriste s'écria :

— Il y a tout de même eu un chat écrasé, et des témoins !

— Psychose collective, répliqua Botard qui était un esprit fort, c'est comme la religion qui est l'opium des peuples!

— J'y crois, moi, aux soucoupes volantes, fit Daisy.

Le chef coupa court à la polémique :

— Ça va comme ça! Assez de bavardages! Rhinocéros ou non, soucoupes volantes ou non, il faut que le travail soit fait.

La dactylo se mit à taper. Je m'assis à ma table de travail, m'absorbai dans mes écritures. Emile Dudard commença à corriger les épreuves d'un commentaire de la loi sur la répression de l'alcoolisme, tandis que le chef, claquant la porte, s'était retiré dans son cabinet.

— C'est une mystification! maugréa encore Botard à l'adresse de Dudard. C'est votre propagande qui fait courir ces bruits !

— Ce n'est pas de la propagande, intervins-je.

— Puisque j'ai vu..., confirma Daisy en même temps que moi.

— Vous me faites rire, dit Dudard à Botard. De la pro-

* **soucoupes volantes:** Die Fliegenden Untertassen (auch Ufos = Unbekannte Flugobjekte) wurden seit 1947 angeblich gesichtet, aber nie verifiziert.

sprechende Karriere in diesem Haus und vielleicht auch in Daisys Herz bevorstand.

„Ich habe es nicht gesehen und glaub auch nicht daran!" erklärte Botard, ein ehemaliger Lehrer, der den Posten des Archivars innehatte. „Und niemand hat je welche gesehen hierzulande, es sei denn auf Bildern in Schulbüchern. Diese Nashörner blühen nur in der Phantasie einfältiger Frauen. Ein Märchen, so wie die Fliegenden Untertassen*."

Ich wollte Botard gerade darauf aufmerksam machen, dass mir der Ausdruck ‚blühen', angewandt auf ein oder mehrere Nashörner, unangebracht erscheine, da rief der Jurist:

„Immerhin gab es eine zertrampelte Katze und Zeugen!"

„Massenpsychose", entgegnete Botard, der ein kluger Kopf war, „Opium fürs Volk, so wie die Religion!"

„Aber ich glaube an Fliegende Untertassen", meinte Daisy.

Der Chef setzte der Polemik ein schnelles Ende:

„Sei es, wie es sei! Genug des Geschwätzes! Nashörner oder nicht, Fliegende Untertassen oder nicht, die Arbeit muss getan werden."

Die Sekretärin begann zu tippen. Ich setzte mich an meinen Schreibtisch und vertiefte mich in meine Akten. Emile Dudard begann, die Fahnen eines Kommentars zum Gesetz über die Bekämpfung des Alkoholismus zu korrigieren, und der Chef zog sich, die Tür zuschlagend, in sein Arbeitszimmer zurück.

„Man hält die Leute zum besten!" schimpfte Botard nochmals zu Dudard hinüber. „Sie setzen Gerüchte in Umlauf!"

„Das sind keine Gerüchte", wandte ich ein.

„Ich habe es doch gesehen...", versicherte Daisy gleichzeitig.

„Da muss ich aber lachen", sagte Dudard zu Botard. „Ge-

pagande? Dans quel but?

— Vous le savez mieux que moi! Ne faites pas l'innocent!

— En tout cas, moi je ne suis pas payé par les Ponténégrins* !

— C'est une insulte ! fit Botard en tapant du poing sur la table.

La porte du cabinet du chef s'ouvrit soudain; sa tête apparut :

— M. Bœuf n'est pas venu aujourd'hui.

— En effet. Il est absent, fis-je.

— J'avais justement besoin de lui. A-t-il annoncé qu'il était malade? Si ça continue, je vais le mettre à la porte.

Ce n'était pas la première fois que le chef proférait de pareilles menaces à l'adresse de notre collègue.

— Quelqu'un d'entre vous a-t-il la clé de son secrétaire? poursuivit-il.

Juste à ce moment Mme Bœuf fit son entrée. Elle paraissait effrayée :

— Je vous prie d'excuser mon mari. Il est parti dans sa famille pour le week-end. Il a une légère grippe. Tenez, il le dit dans son télégramme. Il espère être de retour mercredi. Donnez-moi un verre d'eau... et une chaise! fit-elle, et elle s'écroula sur le siège que nous lui tendîmes.

— C'est bien ennuyeux! Mais ce n'est pas une raison pour vous affoler! observa le chef.

— J'ai été poursuivie par un rhinocéros depuis la maison jusqu'ici, balbutia-t-elle.

— Unicorne ou à deux cornes ? demandai-je.

---

* **Ponténégrins:** Die Pontenegriner sind die Einwohner von Pointe-Noire, der wichtigsten Hafenstadt in Congo-Brazzaville; verächtlich für Unzivilisierte, Wilde.

rüchte? Zu welchem Zweck denn?"

„Sie wissen das besser als ich! Spielen Sie nicht den Unschuldigen!"

„Auf jeden Fall werde ich nicht von den Pontenegrinern* bezahlt!"

„Das ist eine Verleumdung!" rief Botard und schlug mit der Faust auf den Tisch.

Die Tür des Nebenzimmers öffnete sich plötzlich, und der Kopf des Chefs tauchte auf:

„Herr Ochs ist heute nicht erschienen."

„Tatsächlich. Er ist nicht da", sagte ich.

„Ich brauchte ihn dringend. Hat er sich krank gemeldet? Wenn das so weitergeht, setze ich ihn vor die Tür."

Das war keineswegs das erste Mal, dass der Chef mit ähnlichen Maßnahmen im Hinblick auf unseren Kollegen drohte.

„Hat jemand von Ihnen den Schlüssel zu seinem Schreibtisch?" fragte er weiter.

Gerade in diesem Augenblick kam Madame Ochs herein. Sie schien verängstigt zu sein.

„Ich bitte Sie, meinen Mann zu entschuldigen. Er ist übers Wochenende zu seiner Familie gefahren. Er hat eine leichte Grippe. Hier ist sein Telegramm. Er hofft, am Mittwoch zurückzusein. Geben Sie mir bitte ein Glas Wasser... und einen Stuhl!" rief sie und sank auf den Sessel, den wir ihr hinschoben.

„Das ist wirklich unangenehm, aber doch kein Grund, sich solche Sorgen zu machen!" bemerkte der Chef.

„Ich wurde von meinem Haus bis hierher von einem Nashorn verfolgt", stammelte sie.

„Mit einem oder mit zwei Hörnern?" fragte ich.

— Vous me faites rigoler ! s'exclama Botard.

— Laissez-la donc parler! s'indigna Dudard. Mme Bœuf dut faire un grand effort pour préciser :

— Il est là, en bas, à l'entrée. Il a l'air de vouloir monter l'escalier.

Au même instant, un bruit énorme se fit entendre : les marches de l'escalier s'effondraient sans doute sous un poids formidable. Nous nous précipitâmes sur le palier. En effet, parmi les décombres, tête basse, poussant des barrissements angoissés et angoissants, un rhinocéros était là qui tournait inutilement en rond. Je pus voir qu'il avait deux cornes.

— C'est un rhinocéros africain..., dis-je, ou plutôt asiatique.

La confusion de mon esprit était telle que je ne savais plus si la bicornuité caractérisait le rhinocéros d'Asie ou celui d'Afrique, si l'uni-cornuité caractérisait le rhinocéros d'Afrique ou d'Asie, ou si, au contraire, la bicornuité... Bref, je cafouillais mentalement, tandis que Botard foudroyait Dudard du regard.

— C'est une machination infâme! et, d'un geste d'orateur de tribune, pointant son doigt vers le juriste : C'est votre faute!

— C'est la vôtre! répliqua ce dernier.

— Calmez-vous, ce n'est pas le moment! déclara Daisy, tentant, en vain, de les apaiser.

— Depuis le temps que je demande à la Direction générale de nous construire des marches de ciment pour rem-

„Dass ich nicht lache!" rief Botard.

„Lasst sie doch ausreden!" entrüstete sich Dudard.

Madame Ochs machte alle Anstrengung, um Genaueres hervorzubringen:

„Es ist da unten, am Eingang. Es sieht so aus, als wolle es die Treppe heraufkommen."

Im selben Augenblick vernahmen wir ein heftiges Krachen: die Treppenstufen brachen offensichtlich unter einem ungeheuren Gewicht ein. Wir stürzten auf den Flur und sahen in der Tat zwischen den Trümmern der Treppe, gesenkten Kopfs, ängstliches und beängstigendes Brüllen ausstoßend, ein Nashorn, das sich vergeblich im Kreise drehte. Ich konnte sehen, dass es zwei Hörner trug.

„Das ist ein afrikanisches Nashorn", sagte ich, „oder vielmehr ein asiatisches."

Mein Kopf war so durcheinander, dass ich nicht mehr wusste, ob die Zweihörnigkeit das Nashorn aus Asien charakterisierte oder das aus Afrika, ob die Einhörnigkeit das Nashorn aus Afrika charakterisierte oder das aus Asien, oder ob, im Gegenteil, die Zweihörnigkeit... Kurz, ich war geistig völlig durcheinander, während Botard Dudard giftige Blicke zuwarf:

„Das sind höllische Machenschaften!" Und mit der Geste eines gewandten Redners, mit dem Finger auf den Juristen zeigend: „Das ist Ihre Schuld!"

„Ihre Schuld!" entgegnete der andere.

„Beruhigen Sie sich, das ist wirklich nicht der rechte Augenblick!" versuchte Daisy vergeblich, sie zu beschwichtigen.

„Immer wieder habe ich bei der Generaldirektion darum ersucht, diese alte, wurmstichige Treppe durch eine aus

placer ce vieil escalier vermoulu! dit le chef. Une chose pareille devait fatalement arriver. C'était à prévoir. J'ai eu raison!

— Comme d'habitude, ironisa Daisy. Mais comment allons-nous descendre ?

— Je vous prendrai dans mes bras! plaisanta amoureusement le chef en caressant la joue de la dactylo, et nous sauterons ensemble!

— Ne mettez pas sur ma figure votre main rugueuse, espèce de pachyderme!

Le chef n'eut pas le temps de réagir. Mme Bœuf, qui s'était levée et nous avait rejoints, et qui fixait depuis quelques instants attentivement le rhinocéros tournant en rond audessous de nous, poussa brusquement un cri terrible :

— C'est mon mari! Bœuf, mon pauvre Bœuf, que t'est-il arrivé ?

Le rhinocéros, ou plutôt Bœuf, répondit par un barrissement à la fois violent et tendre, tandis que Mme Bœuf s'évanouissait dans mes bras et que Botard, levant les siens, tempêtait :

— C'est de la folie pure! Quelle société!

Les premiers moments de surprise passés, nous téléphonâmes aux pompiers qui arrivèrent avec leurs échelles, nous firent descendre. Mme Bœuf, bien que nous le lui ayons déconseillé, partit sur le dos de son conjoint vers le domicile conjugal. C'était une raison pour elle de divorcer (aux torts de qui?), mais elle préférait ne pas abandonner son mari dans cet état.

Au petit bistrot où nous allâmes tous déjeuner (sans les

Zement zu ersetzen!" sagte der Chef. „Dieses Unglück musste ja passieren, es war vorauszusehen. Ich habe recht behalten!"

„Wie gewöhnlich!" spottete Daisy. „Aber wie kommen wir nun hinunter?"

„Ich werde Sie in meine Arme nehmen!" scherzte der Chef verliebt und streichelte seiner Sekretärin die Wange, „und dann springen wir gemeinsam hinunter."

„Betatschen Sie mein Gesicht nicht mit Ihrer rauhen Hand, Sie Dickhäuter Sie!"

Der Chef fand keine Zeit mehr, etwas darauf zu erwidern. Madame Ochs, die sich erhoben hatte, uns gefolgt war und einige Augenblicke aufmerksam das unter uns sich im Kreis drehende Nashorn angestarrt hatte, stieß plötzlich einen Schrei des Entsetzens aus:

„Das ist ja mein Mann! Ochs, mein armer Ochs, was ist dir nur zugestoßen?"

Das Nashorn, oder vielmehr Ochs, antwortete mit einem zugleich heftigen und zärtlichen Schnauben, während Madame Ochs mir ohnmächtig in die Arme sank und Botard, die seinen ausstreckend, sich entrüstete:

„Das ist der reinste Wahnsinn! Wohin bin ich nur geraten!"

Nach den ersten Augenblicken der Verblüffung riefen wir bei der Feuerwehr an, die mit ihren Leitern kam und uns herunter holte. Madame Ochs ritt, obgleich wir ihr davon abgeraten hatten, auf dem Rücken ihres Gatten zu ihrem ehelichen Heim. Für sie wäre das ein Grund zur Scheidung gewesen (aber wer war schuld?), doch sie zog es vor, ihren Mann in diesem Zustand nicht zu verlassen.

In der kleinen Kneipe, in die wir alle (ohne das Ehepaar

Bœuf, bien sûr), nous apprîmes que plusieurs rhinocéros avaient été signalés dans différents coins de la ville : sept selon les uns; dix-sept selon les autres; trente-deux selon d'autres encore. Devant tous ces témoignages, Botard ne pouvait plus nier l'évidence rhinocérique. Mais il savait, affirmait-il, à quoi s'en tenir. Il nous l'expliquerait un jour. Il connaissait le « pourquoi » des choses, les « dessous » de l'histoire, les « noms » des responsables, le but et la signification de cette provocation. Il n'était pas question de retourner au bureau l'après-midi, tant pis pour les affaires. Il fallait attendre qu'on réparât l'escalier.

J'en profitai pour rendre visite à Jean, dans l'intention de me réconcilier avec lui. Il était couché.

— Je ne me sens pas très bien! dit-il.

— Vous savez, Jean, nous avions raison tous les deux. Il y a dans la ville des rhinocéros à deux cornes aussi bien que des rhinocéros à une corne. D'où viennent les uns, d'où viennent les autres, cela importe peu au fond. Ce qui compte à mes yeux c'est l'existence du rhinocéros en soi.

— Je ne me sens pas très bien, répétait mon ami, sans m'écouter, je ne me sens pas très bien!

— Qu'avez-vous donc? Je suis désolé!

— Un peu de fièvre. Des migraines. C'était le front plus précisément qui lui faisait mal. Il devait, disait-il, s'être cogné. Il avait une bosse, en effet, qui pointait juste au-dessus du nez. Son teint était verdâtre. Il était enroué.

— Avez-vous mal à la gorge? C'est peut-être une angine.

Je pris son pouls. Il battait à un rythme régulier.

Ochs natürlich) essen gingen, erfuhren wir, dass mehrere Nashörner in den verschiedensten Stadtteilen gesichtet worden waren: sieben sagten die einen, siebzehn die anderen, und dann wieder sollten es zweiunddreißig gewesen sein. Angesichts all dieser Beweise konnte Botard nicht länger die eindeutige Existenz von Nashörnern leugnen. Aber er wüsste schon, versicherte er, woran er sich zu halten hätte. Er würde es uns eines Tages beweisen. Er kenne die ‚Gründe' der Dinge, die ‚Kehrseiten' der Geschichte, die ‚Namen' der Verantwortlichen, Absicht und Bedeutung dieser Provokation. Es kam nicht in Frage, am Nachmittag wieder ins Büro zu gehen, sei's auch zum Schaden des Geschäfts. Man musste warten, bis die Treppe repariert war.

Ich nahm die Gelegenheit wahr, Jean zu besuchen, in der Absicht, mich mit ihm wieder auszusöhnen. Er lag im Bett.

„Ich fühle mich nicht recht wohl!" sagte er.

„Wissen Sie, Jean, wir hatten beide recht. In der Stadt gibt es sowohl Nashörner mit zwei Hörnern als auch Nashörner mit einem Horn. Woher die einen oder woher die anderen stammen, ist im Grunde unwesentlich. Was in meinen Augen zählt, ist die Existenz von Nashörnern an sich."

„Ich fühle mich nicht wohl", wiederholte mein Freund, ohne mir zuzuhören, „ich fühle mich nicht wohl!"

„Was haben Sie denn? Es tut mir wirklich leid!"

„Ein wenig Fieber. Kopfschmerzen." Genauer genommen war es die Stirn, die ihn schmerzte. Er müsse sich wohl gestoßen haben, meinte er. Und er hatte wirklich eine Beule, die direkt oberhalb seiner Nase hervortrat. Seine Gesichtsfarbe war grünlich. Er war heiser.

„Haben Sie Halsschmerzen? Vielleicht ist es Angina."

Ich fühlte seinen Puls. Er schlug regelmäßig.

— Ce n'est certainement pas très grave. Quelques jours de repos et ce sera fini. Avez-vous fait venir le médecin?

Avant de lâcher son poignet, je m'aperçus que ses veines étaient toutes gonflées, saillantes. Observant de plus près, je remarquai que non seulement les veines étaient grossies mais que la peau tout autour changeait de couleur à vue d'œil et durcissait.

« C'est peut-être plus grave que je ne croyais », pensai-je.

— Il faut appeler le médecin, fis-je à voix haute.

— Je me sentais mal à l'aise dans mes vêtements, maintenant mon pyjama aussi me gêne, dit-il d'une voix rauque.

— Qu'est-ce qu'elle a, votre peau? On dirait du cuir... Puis, le regardant fixement : Savez-vous ce qui est arrivé à Bœuf? Il est devenu rhinocéros.

— Et alors? Ce n'est pas si mal que cela! Après tout, les rhinocéros sont des créatures comme nous, qui ont droit à la vie au même titre que nous...

— A condition qu'elles ne détruisent pas la nôtre. Vous rendez-vous compte de la différence de mentalité?

— Pensez-vous que la nôtre soit préférable?

— Tout de même, nous avons notre morale à nous que je juge incompatible avec celle de ces animaux. Nous avons une philosophie, un système de valeurs irremplaçable...

— L'humanisme est périmé! Vous êtes un vieux sentimental ridicule. Vous me racontez des bêtises.

— Je suis étonné de vous entendre dire cela, mon cher Jean! Perdez-vous la tête?

Il semblait vraiment la perdre. Une fureur aveugle avait

„Es ist gewiss nicht sehr ernst. Einige Tage Ruhe, und es wird vorübergehen. Haben Sie den Arzt gerufen?"

Bevor ich sein Handgelenk losließ, bemerkte ich, dass seine Adern ganz geschwollen waren und hervortraten. Als ich sie näher betrachtete, stellte ich fest, dass nicht nur die Adern sich verdickt, sondern seine Haut auch überall augenmerklich die Farbe gewechselt und sich verhärtet hatte.

„Wahrscheinlich ist es doch ernster, als ich glaubte", dachte ich bei mir. Laut sagte ich: „Man muss den Arzt rufen."

„Ich fühlte mich so unwohl in meiner Kleidung, und jetzt ist mir sogar mein Pyjama lästig", sagte er mit rauher Stimme.

„Was ist mit Ihrer Haut? Wie Leder..." Dann sah ich ihn starr an: „Wissen Sie, was dem Kollegen Ochs widerfahren ist? Er ist zum Nashorn geworden."

„Na und? Das ist gar nicht so übel! Schließlich sind die Nashörner doch Geschöpfe wie wir, die ebenso wie wir ein Recht haben zu leben..."

„Unter der Voraussetzung, dass sie das unsere nicht zerstören. Sie sind sich doch bewusst, dass wir uns von ihnen im Geist unterscheiden?"

„Glauben Sie denn, dass der unsere besser ist?"

„Wie dem auch sei, wir haben unsere Sitten, die ich für unvereinbar mit denen der Tiere halte. Wir haben eine Philosophie, ein unersetzbares Wertesystem..."

„Der Humanismus ist veraltet! Sie sind ein alter, lächerlicher Schwärmer. Sie reden Unsinn."

„Ich bin erstaunt, Sie so sprechen zu hören, mein lieber Jean! Sie verlieren wohl den Kopf?"

Er schien ihn wirklich zu verlieren. Eine blinde Wut hatte

défiguré son visage, transformé sa voix à tel point que je comprenais à peine les mots qui sortaient de sa bouche.

— De telles affirmations venant de votre part..., voulus-je continuer.

Il ne m'en laissa pas le loisir. Il rejeta ses couvertures, arracha son pyjama, se leva sur son lit, entièrement nu (lui, lui, si pudique d'habitude!), vert de colère des pieds à la tête.

La bosse de son front s'était allongée; son regard était fixe, il ne semblait plus me voir. Ou plutôt si, il me voyait très bien car il fonça vers moi, tête baissée. J'eus à peine le temps de faire un saut de côté, autrement il m'aurait cloué au mur.

— Vous êtes rhinocéros! criai-je.

— Je te piétinerai! Je te piétinerai! pus-je encore comprendre en me précipitant vers la porte.

Je descendis les étages quatre à quatre, tandis que les murs s'ébranlaient sous ses coups de corne et que je l'entendais pousser d'effroyables barrissements rageurs.

— Appelez la police! Appelez la police! Vous avez un rhinocéros dans l'immeuble! criai-je aux locataires de la maison qui, tout étonnés, entrouvraient, sur les paliers, les portes de leurs appartements, à mon passage.

J'eus beaucoup de peine à éviter au rez-de-chaussée le rhinocéros qui, sortant de la loge de la concierge, voulait me charger, avant de me trouver enfin dans la rue, en sueur, les jambes molles, à bout de forces.

Heureusement, un banc était là, au bord du trottoir, sur lequel je m'assis. A peine eus-je le temps de reprendre tant

sein Gesicht entstellt, seine Stimme in solchem Maße verändert, dass ich kaum die Worte verstand, die aus seinem Mund kamen.

„Von Ihnen solche Beteuerungen zu hören...", wollte ich fortfahren.

Er ließ mir keine Zeit dazu. Er warf seine Decke von sich, zerriss seinen Schlafanzug, richtete sich auf in seinem Bett, völlig entblößt (ausgerechnet er, der sonst so schamhaft war!), grün vor Zorn von Kopf bis Fuß.

Die Beule an seiner Stirn war länger geworden; sein Blick war starr, er schien mich nicht mehr zu sehen. Oder vielmehr doch, er sah mich sehr wohl, denn er stürzte sich auf mich mit gesenktem Kopf. Ich hatte kaum Zeit, zur Seite zu springen, andernfalls hätte er mich an die Wand gespießt!

„Ein Nashorn sind Sie!" schrie ich.

„Ich werde dich zertrampeln! Ich werde dich zertrampeln!" konnte ich noch hören, als ich zur Tür stürzte.

Ich stürmte die Treppe hinunter, während die Mauern unter den Hornstößen erbebten und ich ihn ein entsetzliches Wutgebrüll ausstoßen hörte.

„Ruft die Polizei! Ruft die Polizei! Ein Nashorn befindet sich in Ihrem Haus!" schrie ich den Mietern zu, die ganz erstaunt auf den einzelnen Etagen ihre Türen einen Spalt öffneten, als ich vorbeirannte.

Nur mit größter Mühe konnte ich im Erdgeschoss dem Nashorn entweichen, das, aus der Wohnung der Hausmeisterin hervorbrechend, mich heftig angreifen wollte, noch bevor ich mich schließlich auf der Straße befand, in Schweiß gebadet, mit zittrigen Beinen, am Ende meiner Kräfte.

Glücklicherweise stand dort eine Bank am Rande des Trottoirs, und ich setzte mich. Kaum hatte ich Zeit, auch nur

bien que mal mon souffle : je vis un troupeau de rhinocéros qui dévalaient l'avenue en pente, s'approchant à toute allure de l'endroit où je me trouvais. Si encore ils s'étaient contentés du milieu de la rue! Mais non, ils étaient si nombreux qu'ils n'avaient pas assez de place pour s'y maintenir et débordaient sur le trottoir. Je sautai de mon banc, m'aplatis contre un mur : soufflant, barrissant, sentant le fauve en chaleur et le cuir, ils me frôlèrent, m'enveloppèrent dans un nuage de poussière. Quand ils eurent disparu, je ne pus me rasseoir sur le banc : les fauves l'avaient démoli, et il gisait, en morceaux, sur le pavé.

J'eus du mal à me remettre de ces émotions. Je dus rester quelques jours à la maison. Je recevais les visites de Daisy qui me tenait au courant des mutations qui se produisaient.

C'est le chef de bureau qui, le premier, était devenu rhinocéros, à la grande indignation de Botard qui, cependant, devint lui-même rhinocéros vingt-quatre heures plus tard.

— Il faut suivre son temps! furent ses dernières paroles humaines.

Le cas de Botard ne m'étonnait guère, malgré sa fermeté apparente. Je comprenais moins facilement le changement du chef. Bien sûr, chez lui, la transformation était peut-être involontaire, mais on pouvait penser qu'il aurait eu la force de mieux résister.

Daisy se souvint qu'elle lui avait fait remarquer qu'il avait les paumes des mains rugueuses le jour même de l'apparition de Bœuf en rhinocéros. Ceci avait dû beaucoup l'impressionner; il ne l'avait pas fait voir, mais il avait

halbwegs Atem zu schöpfen, als ich von ferne eine Herde Nashörner die abschüssige Avenue herabstürmen und gerade auf die Stelle zukommen sah, an der ich mich befand. Wenn sie doch wenigstens die Mitte der Straße eingehalten hätten! Aber nein, sie waren so zahlreich, dass sie dort nicht genügend Platz hatten und auch das Trottoir noch einnahmen. Ich sprang von meiner Bank auf und presste mich flach an eine Mauer: schnaufend, brüllend, Tierwärme und Ledergeruch um sich verbreitend, streiften sie mich und hüllten mich in eine Staubwolke. Als sie fort waren, konnte ich mich nicht wieder auf die Bank setzen: die Tiere hatten sie zerstört, sie lag zersplittert auf dem Pflaster.

Nur langsam erholte ich mich von diesem Schrecken. Ich musste einige Tage zu Hause bleiben. Ich empfing Daisys Besuche, die mich über die vorgefallenen Verwandlungen auf dem laufenden hielt.

Als erster war der Chef des Büros zum Nashorn geworden, zur großen Bestürzung Botards, der seinerseits vierundzwanzig Stunden später zum Nashorn wurde.

„Man muss mit der Zeit gehen!" waren seine letzten menschlichen Worte.

Der Fall Botard überraschte mich wenig, trotz der scheinbaren Standhaftigkeit dieses Kollegen. Schwerer fiel es mir, die Verwandlung des Chefs zu begreifen. Gewiss, ihm kam die Verwandlung vielleicht ungewollt, doch konnte man sich vorstellen, dass er widerstandsfähiger gewesen wäre.

Daisy erinnerte sich, dass sie ihn darauf aufmerksam gemacht hatte, dass er rauhe Handflächen habe, am gleichen Tag, an dem Ochs als Nashorn erschien. Das muss ihn sehr beeindruckt haben, er hatte es sich nicht anmerken lassen,

certainement été touché en profondeur.

— Si j'avais été moins brutale, si je lui avais fait remarquer cela avec plus de ménagements, la chose ne serait peut-être pas advenue.

— Je me reproche moi aussi de ne pas avoir été plus doux avec Jean. J'aurais dû lui montrer plus d'amitié, être plus compréhensif, dis-je à mon tour.

Daisy m'apprit que Dudard aussi avait changé, ainsi qu'un cousin à elle que je ne connaissais pas. D'autres personnes encore, des amis communs, des inconnus.

— Ils sont nombreux, fit-elle, peut-être un quart des habitants de la ville.

— Ils sont tout de même encore en minorité.

— Du train où vont les choses, cela ne va pas durer longtemps! soupira-t-elle.

— Hélas ! Et ils sont tellement plus efficaces.

Les troupeaux de rhinocéros parcourant les rues à toute vitesse devinrent une chose dont plus personne ne s'étonnait. Les gens s'écartaient sur leur passage, puis reprenaient leur promenade, vaquaient à leurs affaires, comme si de rien n'était.

— Comment peut-on être rhinocéros! C'est impensable! avais-je beau m'écrier.

Il en sortait des cours, il en sortait des maisons, par les fenêtres aussi, qui allaient rejoindre les autres.

A un moment donné, les autorités voulurent les parquer dans de vastes enclos. Pour des raisons humanitaires, la Société Protectrice des Animaux s'y opposa. D'autre part, chacun avait parmi les rhinocéros un parent proche, un ami, ce qui, pour des raisons faciles à comprendre, rendait à peu

aber gewiss hatte es ihm Angst eingeflößt.

„Wäre ich nicht gar so grob gewesen, hätte ich ihn rücksichtsvoller darauf aufmerksam gemacht, dann wäre das vielleicht nicht geschehen."

„Ich mache mir ebenfalls Vorwürfe, dass ich nicht behutsamer mit Jean umgegangen bin. Ich hätte ihm mehr Freundschaft zeigen sollen, hätte verständnisvoller sein müssen", sagte ich meinerseits.

Daisy berichtete, dass auch Dudard sich verwandelt habe, ebenso einer ihrer Vettern, den ich nicht kannte. Darüber hinaus noch weitere Menschen, gemeinsame Freunde und Unbekannte.

„Viele sind es", meinte sie, „vielleicht ein Viertel der Einwohner der Stadt."

„Sie sind trotzdem noch in der Minderheit."

„Wie die Dinge laufen, dauert das nicht mehr lange!" seufzte sie.

„Leider! Sie sind so viel mächtiger."

Die Herden von Nashörnern, die durch die Straßen rasten, wurden zu etwas, worüber fast niemand mehr staunte. Die Leute gaben ihnen den Weg frei und gingen dann weiter ihren Geschäften nach, als ob nichts geschehen wäre.

„Wie kann man nur ein Nashorn sein! Das ist unvorstellbar!" rief ich immer wieder.

Aus Höfen kamen sie, aus Häusern, auch aus Fenstern kamen sie hervor und schlossen sich den anderen an.

Zu gegebener Zeit wollten die Behörden sie in große Gehege einschließen. Dagegen aber sprach sich aus humanitären Überlegungen der Tierschutzverband aus. Zum anderen besaß jeder unter den Nashörnern einen nahen Verwandten, einen Freund, was aus leicht begreiflichen

près impossible la mise en pratique du projet. On l'abandonna.

La situation s'aggrava, ce qui était à prévoir. Un jour, tout un régiment de rhinocéros, après avoir fait s'écrouler les murs de la caserne, en sortit, tambours en tête, et se déversa sur les boulevards.

Au ministère de la statistique, les statisticiens statistiquaient : recensement des animaux, calcul approximatif de l'accroissement quotidien de leur nombre, tant pour cent d'unicornes, tant de bicornus... Quelle occasion de savantes controverses! Il y eut bientôt des défections parmi les statisticiens eux-mêmes. Les rares qui restaient furent payés à prix d'or.

Un jour, de mon balcon, j'aperçus, barrissant et fonçant à la rencontre de ses camarades sans doute, un rhinocéros portant un canotier empalé sur sa corne.

— Le logicien! m'écriai-je. Lui aussi, comment est-ce possible?

Juste à cet instant, Daisy ouvrit la porte.

— Le logicien est rhinocéros! lui dis-je. Elle le savait. Elle venait de l'apercevoir dans la rue. Elle apportait un panier de provisions.

— Voulez-vous que nous déjeunions ensemble? proposa-t-elle. Vous savez, j'ai eu du mal à trouver de quoi manger. Les magasins sont ravagés : ils dévorent tout. Une quantité d'autres boutiques sont fermées « pour cause de transformation », est-il dit sur les écriteaux.

— Je vous aime, Daisy, ne me quittez plus.

— Ferme la fenêtre, chéri. Ils font trop de bruit. Et la poussière monte jusqu'ici.

Gründen die Verwirklichung des Planes so gut wie un-
durchführbar machte. Man nahm davon Abstand.

Die Lage wurde ernster, wie vorauszusehen war. Eines
Tages brach ein Regiment von Nashörnern aus der Kaserne
hervor, nachdem es die Mauern zertrümmert hatte, und
ergoss sich, die Trommler voran, über die Straßen.

Im Ministerium für Statistik stellten Statistiker Statistiken
auf: Tierzählung, Überschlagsberechnung des täglichen
zahlenmäßigen Zuwachses, wieviel Prozent Einhörner, wieviel Zweihörner... Welch eine Gelegenheit für gelehrte
Kontroversen! Bald gab es selbst unter den Statistikern
Abtrünnige. Die wenigen, die übrig blieben, wurden sehr
teuer bezahlt.

Eines Tages gewahrte ich von meinem Balkon aus ein
schnaubendes und offenbar seinen Gefährten entgegeneilen-
des Nashorn, das einen Strohhut auf seinen Hörnern aufge-
spießt trug.

„Der Logiker!" rief ich aus. „Auch er, wie ist das nur
möglich?"

Gerade in diesem Augenblick öffnete Daisy die Tür.

„Der Logiker ist ein Nashorn!" rief ich ihr zu. Sie wusste
es, sie war ihm auf der Straße begegnet. Sie trug einen Korb
mit Lebensmitteln.

„Wollen wir nicht zusammen essen?" schlug sie vor.
„Wissen Sie, nur mit Mühe konnte ich etwas zu essen auf-
treiben. Die Kaufhäuser sind verwüstet: sie verschlingen
alles. Eine Anzahl anderer Läden sind geschlossen, ‚wegen
Umbau geschlossen' steht auf den Schildern."

„Ich liebe Sie, Daisy, bleiben Sie bei mir."

„Schließ die Fenster, Liebling. Sie machen zuviel Lärm.
Und der Staub steigt bis hier herauf."

— Tant que nous sommes ensemble, je ne crains rien, tout m'est égal. Puis, après avoir fermé la fenêtre : Je croyais que je n'allais plus pouvoir tomber amoureux d'une femme.

Je la serrai dans mes bras très fort. Elle répondit à mon étreinte.

— Comme je voudrais vous rendre heureuse! Pouvez-vous l'être avec moi?

— Pourquoi pas? Vous affirmez ne rien craindre et vous avez peur de tout! Que peut-il nous arriver ?

— Mon amour, ma joie! balbutiai-je en baisant ses lèvres avec une passion que je ne me connaissais plus, intense, douloureuse.

La sonnerie du téléphone nous interrompit.

Elle se dégagea de mon étreinte, alla vers l'appareil, décrocha, poussa un cri :

— Ecoute...

Je mis le récepteur à l'oreille. Des barrissements sauvages se faisaient entendre.

— Ils nous font des farces maintenant!

— Que peut-il bien se passer ? s'effraya-t-elle. Nous fîmes marcher le poste de T.S.F.* pour connaître les nouvelles : ce furent des barrissements encore. Elle tremblait.

— Du calme, dis-je, du calme!

Epouvantée, elle s'écria :

— Ils ont occupé les installations de la Radio !

— Du calme! Du calme! répétais-je, de plus en plus agité.

Le lendemain, dans la rue, cela courait en tous sens. On pouvait regarder des heures : on ne risquait pas d'y aperce-

---

* **T.S.F.**: Abk. für Telégraphie sans Fil (drahtlose Telegraphie und Telephonie), später für Rundfunk.

„Solange wir zusammen sind, fürchte ich nichts, ist mir alles egal." Und als das Fenster geschlossen war: „Ich glaubte, dass ich mich nicht mehr in eine Frau verlieben könnte."

Ich schloss sie fest in meine Arme. Sie erwiderte meine Umarmung.

„Ich möchte Sie so gerne glücklich machen! Könnten Sie mit mir glücklich sein?"

„Warum nicht? Sie behaupten, nichts zu fürchten, und haben doch Angst vor allem! Was kann uns schon zustoßen?"

„Meine Liebe, mein Glück!" stammelte ich und küsste ihre Lippen mit einer Leidenschaft, wie ich sie so innig und schmerzlich nicht mehr kannte.

Das Klingeln des Telefons unterbrach uns.

Sie löste sich aus meiner Umarmung, ging zum Apparat, nahm den Hörer ab und stieß einen Schrei aus:

„Horch..."

Ich hielt den Hörer ans Ohr. Wildes Brüllen konnte man hören.

„Jetzt halten sie uns zum besten!"

„Was kann nur passiert sein?" fragte sie erschreckt. Wir stellten das Radio an, um die Nachrichten zu hören: auch diese brachten Gebrüll. Sie zitterte.

„Ruhig", sagte ich, „nur ruhig!"

Entsetzt rief sie: „Sie haben den Rundfunksender besetzt!"

„Ruhig! Ruhig!" wiederholte ich immer beunruhigter.

Am nächsten Morgen wimmelte es in allen Straßen von Nashörnern. Stundenlang konnte man Ausschau halten: man

voir un seul être humain. Notre maison tremblait sous les sabots des périssodactyles, nos voisins.

— Advienne que pourra, dit Daisy. Que veux-tu qu'on y fasse?

— Ils sont tous devenus fous. Le monde est malade.

— Ce n'est pas nous qui le guérirons.

— On ne pourra plus s'entendre avec personne. Tu les comprends, toi?

— Nous devrions essayer d'interpréter leur psychologie, d'apprendre leur langage.

— Ils n'ont pas de langage.

— Qu'est-ce que tu en sais?

— Ecoute, Daisy, nous aurons des enfants, nos enfants en auront d'autres, cela mettra du temps, mais à nous deux, nous pourrons régénérer l'humanité. Avec un peu de courage...

— Je ne veux pas avoir d'enfants.

— Comment veux-tu sauver le monde, alors?

— Après tout, c'est peut-être nous qui avons besoin d'être sauvés. C'est nous peut-être les anormaux. En vois-tu d'autres de notre espèce?

— Daisy, je ne veux pas t'entendre dire cela!

Je la regardai désespérément.

— C'est nous qui avons raison, Daisy, je t'assure.

— Quelle prétention! Il n'y a pas de raison absolue. C'est le monde qui a raison, ce n'est pas toi ni moi.

— Si, Daisy, j'ai raison. La preuve c'est que tu me comprends et que je t'aime autant qu'un homme puisse aimer une femme.

— J'en ai un peu honte de ce que tu appelles l'amour, cette chose morbide... Cela ne peut se comparer avec l'énergie extraordinaire que dégagent tous ces êtres qui nous

erblickte kein einziges menschliches Wesen. Unser Haus zitterte unter dem Stampfen der Paarhufer, unserer Nachbarn.

„Es komme, was wolle", sagte Daisy. „Was sollen wir tun?"

„Sie sind alle verrückt geworden. Die Welt ist krank."

„Nicht wir werden sie heilen."

„Man kann sich mit niemandem mehr verständigen. Verstehst du sie denn?"

„Wir müssten versuchen, ihre Psychologie zu deuten, ihre
Sprache zu erlernen."

„Sie haben keine Sprache."

„Woher weißt du das?"

„Hör zu, Daisy, wir werden Kinder haben, unsere Kinder
werden wieder welche haben, das braucht Zeit, aber wir
beide, wir können die Menschheit regenerieren. Nur ein
wenig Mut..."

„Ich will keine Kinder haben."

„Wie willst du aber die Welt retten?"

„Vielleicht sind wir es, die einer Rettung bedürfen! Vielleicht sind wir die Anormalen. Siehst du noch andere unserer Gattung?"

„Daisy, ich will dich nicht so sprechen hören!"

Ich schaute sie verzweifelt an.

„Wir sind es, die recht haben, Daisy, das versichere ich dir."

„Wie anmaßend! Es gibt kein absolutes Recht. Es ist die
Welt, die recht hat, weder du noch ich."

„Doch, Daisy, ich habe recht. Der Beweis dafür ist, dass
du mich verstehst und dass ich dich so sehr liebe, wie ein
Mann eine Frau nur irgend lieben kann."

„Ich schäme mich ein wenig über das, was du Liebe
nennst, diese morbide Sache... Es hält keinen Vergleich aus
mit der herrlichen Kraft, die jene Wesen, die uns umgeben,

entourent.

— De l'énergie? En voilà de l'énergie! fis-je, à bout d'argument, en lui donnant une gifle.

Puis tandis qu'elle pleurait :

— Je n'abdiquerai pas, moi, je n'abdiquerai pas.

Elle se leva, en larmes, entoura mon cou de ses bras parfumés :

— Je résisterai, avec toi, jusqu'au bout.

Elle ne put tenir parole. Elle devint toute triste, dépérissait à vue d'œil. Un matin, en me réveillant, je vis sa place vide dans le lit. Elle m'avait quitté sans me laisser un mot.

La situation devint pour moi littéralement intenable. C'était ma faute si Daisy était partie. Qui sait ce qu'elle était devenue ? Encore quelqu'un sur la conscience. Il n'y avait personne à pouvoir m'aider à la retrouver. J'imaginai le pire, me sentis reponsable.

Et de partout leurs barrissements, leurs courses éperdues, les nuages de poussière. J'avais beau m'enfermer chez moi, me mettre du coton dans les oreilles : je les voyais, la nuit, en rêve.

« Il n'y a pas d'autre solution que de les convaincre. » Mais de quoi? Les mutations étaient-elles réversibles ? Et pour les convaincre il fallait leur parler. Pour qu'ils réapprennent ma langue (que je commençais d'ailleurs à oublier) il fallait d'abord que j'apprisse la leur. Je ne distinguais pas un barrissement d'un autre, un rhinocéros d'un autre rhinocéros.

Un jour, en me regardant dans la glace, je me trouvai laid avec ma longue figure : il m'eût fallu une corne, sinon deux,

auszeichnet.“

„Kraft? Da hast du deine Kraft“, schrie ich. Ich war am Ende meiner Argumente und gab ihr eine Ohrfeige.

Und als sie dann weinte: „Ich gebe nicht auf, ich gebe bestimmt nicht auf.“

Sie erhob sich, tränenüberströmt, und umschloss meinen Hals mit ihren duftenden Armen:

„Bis zum Ende werde ich durchhalten mit dir.“

Sie vermochte nicht Wort zu halten. Sie wurde ganz traurig, welkte zusehends dahin. Eines Morgens, beim Erwachen, fand ich ihren Platz leer neben mir im Bett. Sie hatte mich ohne ein Wort verlassen.

Die Situation wurde buchstäblich unerträglich für mich. Mein Fehler war es, dass Daisy fortgegangen war. Wer weiß, was aus ihr geworden ist? Noch jemand auf dem Gewissen. Niemand konnte mir helfen, sie wiederzufinden. Ich malte mir das Schlimmste aus und fühlte mich verantwortlich.

Und überall ihr Trompeten, ihr überstürztes Galoppieren, überall Staubwolken. Ich konnte mich noch so sehr zu Hause einschließen, mir Watte in die Ohren stecken: ich sah sie nachts im Traum.

„Es gibt keine andere Lösung, als sie zu überzeugen.“ Wovon aber? Konnten die Verwandlungen denn rückgängig gemacht werden? Und um sie zu überzeugen, musste man zu ihnen sprechen. Damit sie meine Sprache wieder lernten (die ich übrigens schon zu vergessen begann), musste ich zuvor die ihre erlernen. Kein Gebrüll unterschied ich vom anderen, kein Nashorn von anderen Nashörnern.

Als ich mich eines Tages im Spiegel betrachtete, fand ich mich selber hässlich mit meinem langen Gesicht: es fehlte mir ein Horn, wenn nicht gar zwei, um meine niederhän-

pour rehausser mes traits tombants.

Et si, comme me l'avait dit Daisy, c'était eux qui avaient raison? J'étais en retard, j'avais perdu pied, c'était évident.

Je découvris que leurs barrissements avaient tout de même un certain charme, un peu âpre certes. J'aurais dû m'en apercevoir quand il était temps. J'essayai de barrir : que c'était faible, comme cela manquait de vigueur! Quand je faisais un effort plus grand, je ne parvenais qu'à hurler. Les hurlements ne sont pas des barrissements.

Il est évident qu'il ne faut pas se mettre toujours à la remorque des événements et qu'il est bien de conserver son originalité. Il faut aussi cependant faire la part des choses; se différencier, oui, mais... rester parmi ses semblables. Je ne ressemblais plus à personne ni à rien, sauf à de vieilles photos démodées qui n'avaient plus de rapport avec les vivants.

Tous les matins je regardais mes mains dans l'espoir que les paumes se seraient durcies pendant mon sommeil. La peau demeurait flasque. Je contemplais mon corps trop blanc, mes jambes poilues : ah, avoir une peau dure et cette magnifique couleur d'un vert sombre, une nudité décente, comme eux, sans poils!

J'avais une conscience de plus en plus mauvaise, malheureuse. Je me sentais un monstre. Hélas! jamais je ne deviendrai rhinocéros : je ne pouvais plus changer.

Je n'osai plus me regarder. J'avais honte. Et pourtant, je ne pouvais pas, non, je ne pouvais pas.

Eugène IONESCO, *Rhinocéros*, extrait de *La photo du colonel*
© Editions GALLIMARD

genden Züge wiederaufzurichten.

Und wenn nun, wie Daisy gesagt hatte, sie es wären, die recht hätten? Ich kam zu spät, ich hatte den Boden unter den Füßen verloren, das war klar.

Ich entdeckte, dass trotz allem ihr Gebrüll einen gewissen Reiz hatte, ein wenig rauh, gewiss. Ich hätte das einsehen müssen, als es noch Zeit war. Ich versuchte zu brüllen: wie kraftlos klang das, wie sehr fehlte alle Energie! Als ich mich noch mehr anstrengte, gelang mir nur ein Geheul. Geheul ist noch kein Brüllen.

Natürlich soll man sich nicht von den Ereignissen ins Schlepptau nehmen lassen, man soll sich seine Originalität bewahren. Doch soll man auch die Dinge berücksichtigen. Sich herausheben, gewiss, aber... unter seinesgleichen bleiben. Ich ähnelte niemandem mehr, nichts mehr, es sei denn, altmodischen Fotos, die keine Entsprechung mehr in den Lebenden fanden.

Jeden Morgen untersuchte ich meine Hände, in der Hoffnung, ihre Innenflächen wären hart geworden, während ich schlief. Die Haut blieb schlaff. Meinen Leib fand ich zu weiß, zu behaart meine Beine: ach, hätte ich nur eine verhärtete Haut und jene herrliche tiefgrüne Farbe, eine sittsame Nacktheit wie sie, ganz ohne Haare!

Mein Herz wurde mir immer schwerer, ich wurde immer unglücklicher. Als Untier fühlte ich mich! Ach, nie würde ich zum Nashorn werden: ich konnte mich nicht mehr verwandeln.

Ich wagte nicht mehr, mich anzuschauen. Ich schämte mich. Und dennoch, ich konnte nicht, ich konnte es einfach nicht.

Albert Camus

L'Hôte

Der Gast

ALBERT CAMUS

L`HÔTE

L'instituteur regardait les deux hommes monter vers lui. L'un était à cheval, l'autre à pied. Ils n'avaient pas encore entamé le raidillon abrupt qui menait à l'école, bâtie au flanc d'une colline. Ils peinaient, progressant lentement dans la neige, entre les pierres, sur l'immense étendue du haut plateau désert. De temps en temps, le cheval bronchait visiblement. On ne l'entendait pas encore, mais on voyait le jet de vapeur qui sortait alors de ses naseaux. L'un des hommes, au moins, connaissait le pays. Ils suivaient la piste qui avait pourtant disparu depuis plusieurs jours sous une couche blanche et sale. L'instituteur calcula qu'ils ne seraient pas sur la colline avant une demi-heure. Il faisait froid; il rentra dans l'école pour chercher un chandail.

Il traversa la salle de classe vide et glacée. Sur le tableau noir les quatre fleuves de France, dessinés avec quatre craies de couleurs différentes, coulaient vers leur estuaire depuis trois jours. La neige était tombée brutalement à la mi-octobre, après huit mois de sécheresse, sans que la pluie eût apporté une transition et la vingtaine d'élèves qui habitaient dans les villages disséminés sur le plateau ne venaient plus. Il fallait attendre le beau temps. Daru ne chauffait plus que l'unique pièce qui constituait son logement, attenant à

ALBERT CAMUS

DER GAST

Der Lehrer sah die beiden Männer zu ihm heraufkommen. Der eine war zu Pferd, der andere zu Fuß. Sie waren noch nicht bei dem steilen Pfad angelangt, der zu seiner an den Hang eines Hügels gebauten Schule führte. Sie strengten sich an, indem sie langsam zwischen den Steinen durch den Schnee über die unermessliche Weite der öden Hochebene vorrückten. Von Zeit zu Zeit strauchelte offensichtlich das Pferd. Man hörte es noch nicht, aber man sah den Dampf, der dann aus seinen Nüstern stieg. Mindestens der eine der Männer kannte die Gegend. Sie folgten dem Weg, der doch schon seit einigen Tagen unter einer weißen, schmutzigen Schicht verschwunden war. Der Lehrer rechnete sich aus, dass sie nicht vor einer halben Stunde oben am Hügel ankommen würden. Es war kalt; er ging wieder in die Schule hinein, um sich einen Pullover zu holen.

Er durchquerte das leere, eiskalte Klassenzimmer. Auf der schwarzen Tafel liefen die vier mit vier verschiedenfarbigen Kreiden gezeichneten Flüsse Frankreichs seit drei Tagen auf ihre Mündung zu. Nach acht Monaten Trockenheit war der Schnee plötzlich um die Oktobermitte gefallen, ohne dass der Regen einen Übergang gebracht hätte, und die etwa zwanzig Schüler, die in den über das Plateau verstreuten Dörfern wohnten, kamen nicht mehr. Sie mussten auf besseres Wetter warten. Daru heizte nur mehr den einen an das Klassenzimmer anstoßenden Raum, der seinen Wohnplatz

la classe, et ouvrant aussi sur le plateau à l'est. Une fenêtre donnait encore, comme celles de la classe, sur le midi. De ce côté, l'école se trouvait à quelques kilomètres de l'endroit où le plateau commençait à descendre vers le sud. Par temps clair, on pouvait apercevoir les masses violettes du contrefort montagneux où s'ouvrait la porte du désert.

Un peu réchauffé, Daru retourna à la fenêtre d'où il avait, pour la première fois, aperçu les deux hommes. On ne les voyait plus. Ils avaient donc attaqué le raidillon. Le ciel était moins foncé : dans la nuit, la neige avait cessé de tomber. Le matin s'était levé sur une lumière sale qui s'était à peine renforcée à mesure que le plafond de nuages remontait. À deux heures de l'après-midi, on eût dit que la journée commençait seulement. Mais cela valait mieux que ces trois jours où l'épaisse neige tombait au milieu des ténèbres incessantes, avec de petites sautes de vent qui venaient secouer la double porte de la classe. Daru patientait alors de longues heures dans sa chambre dont il ne sortait que pour aller sous l'appentis, soigner les poules et puiser dans la provision de charbon. Heureusement, la camionnette de Tadjid, le village le plus proche au nord, avait apporté le ravitaillement deux jours avant la tourmente. Elle reviendrait dans quarante-huit heures.

Il avait d'ailleurs de quoi soutenir un siège, avec les sacs de blé qui encombraient la petite chambre et que l'administration lui laissait en réserve pour distribuer à ceux de ses élèves dont les familles avaient été victimes de la sécheresse. En réalité, le malheur les avait tous atteints puisque tous étaient pauvres. Chaque jour, Daru distribuait une

bildete und ebenfalls die Hochebene gegen Osten überblickte. Ein Fenster ging außerdem wie die der Klasse nach Süden. Auf dieser Seite befand sich die Schule einige Kilometer von der Stelle entfernt, wo sich das Hochplateau gegen Süden abzusenken begann. Bei klarem Wetter konnte man die violetten Massen der Gebirgsausläufer sehen, wo sich das Tor der Wüste öffnete.

Ein bisschen aufgewärmt, trat Daru wieder an das Fenster, von dem aus er die beiden Männer zuerst bemerkt hatte. Nun sah er sie nicht mehr. Also hatten sie jetzt den Steilhang erreicht. Der Himmel war weniger dunkel: in der Nacht hatte der Schneefall aufgehört. Der Morgen war mit einem schmutzigen Licht angebrochen, das kaum an stärker wurde, als die Wolkendecke höher stieg. Um zwei Uhr Nachmittag hätte man meinen können, dass der Tag eben erst begann. Aber das war immerhin besser als diese drei Tage, als inmitten unaufhörlicher Finsternis dichter Schnee fiel und kleine Windstöße an der Doppeltür des Klassenzimmers rüttelten. Daru verbrachte lange Stunden geduldig in seinem Zimmer, das er nur verließ, um in den angebauten Schuppen zu gehen, die Hühner zu betreuen und aus dem Kohlenvorrat zu schöpfen. Zum Glück hatte der Lieferwagen von Tadjid, dem nächstgelegenen Dorf im Norden, ihm zwei Tage vor dem Sturm Lebensmittel gebracht. In achtundvierzig Stunden würde er wiederkommen.

Er hatte übrigens genug, um eine Belagerung auszuhalten: Säcke voll Getreide, die das kleine Zimmer verstopften, waren ihm von der Verwaltung als Reserve überlassen worden, um sie an die Schüler zu verteilen, deren Familien Opfer der Dürre geworden waren. In Wirklichkeit hatte das Unglück alle getroffen, da sie ja alle arm waren. Jeden Tag

ration aux petits. Elle leur avait manqué, il le savait bien, pendant ces mauvais jours. Peut-être un des pères ou des grands frères viendrait ce soir et il pourrait les ravitailler en grains. Il fallait faire la soudure avec la prochaine récolte, voilà tout. Des navires de blé arrivaient maintenant de France, le plus dur était passé. Mais il serait difficile d'oublier cette misère, cette armée de fantômes haillonneux errant dans le soleil, les plateaux calcinés mois après mois, la terre recroquevillée peu à peu, littéralement torréfiée, chaque pierre éclatant en poussière sous le pied. Les moutons mouraient alors par milliers et quelques hommes, çà et là, sans qu'on puisse toujours le savoir.

Devant cette misère, lui qui vivait presque en moine dans cette école perdue, content d'ailleurs du peu qu'il avait, et de cette vie rude, s'était senti un seigneur, avec ses murs crépis, son divan étroit, ses étagères de bois blanc, son puits, et son ravitaillement hebdomadaire en eau et en nourriture. Et, tout d'un coup, cette neige, sans avertissement, sans la détente de la pluie. Le pays était ainsi, cruel à vivre, même sans les hommes, qui, pourtant n'arrangeaient rien. Mais Daru y était né. Partout ailleurs, il se sentait exilé.

Il sortit et avança sur le terre-plein devant l'école. Les deux hommes étaient maintenant à mi-pente. Il reconnut dans le cavalier, Balducci, le vieux gendarme qu'il connaissait depuis longtemps. Balducci tenait au bout d'une

teilte Daru den Kleinen eine Ration zu. Er wusste genau, dass sie ihnen während dieser Zeit des schlechten Wetters gefehlt hatte. Vielleicht würde einer der Väter oder der großen Brüder heute Abend kommen, und dann konnte er sie mit Korn versorgen. Es war nötig, den Übergang bis zur neuen Ernte zu sichern, weiter nichts. Jetzt kamen Getreideschiffe aus Frankreich, das Schlimmste war überstanden. Aber es würde schwer sein, dieses Elend zu vergessen, dieses Heer zerlumpter, unter der Sonne umherirrender Gespenster, die Monat um Monat versengten Hochebenen, die allmählich zusammengeschrumpfte, buchstäblich geröstete Erde, auf der jeder Stein unter dem Fuß zu Staub zerplatzte. Die Schafe starben zu Tausenden, und auch ein paar Menschen hier und dort, ohne dass man das immer erfuhr.

Er, der in dieser abgelegenen Schule fast wie ein Mönch lebte, zufrieden übrigens mit dem wenigen, das er hatte, und mit dem rauhen Leben, fühlte sich angesichts dieses Elends geradezu wie ein Herr, in seinen verputzten Wänden, mit seinem schmalen Sofabett und seinen Regalen aus rohem Holz, mit seiner Zisterne und der wöchentlichen Versorgung mit Wasser und Lebensmitteln. Und da plötzlich dieser Schnee, ohne Ankündigung, ohne die entspannende Wohltat des Regens. So war das Land, es machte das Leben hart, selbst ohne die Menschen, die wahrhaftig nichts vereinfachten. Aber Daru war hier geboren. Überall sonst fühlte er sich als Verbannter.

Er trat aus dem Haus und ging über die ebene Aufschüttung vor der Schule. Die beiden Männer befanden sich jetzt auf halber Höhe des Abhangs. In dem Reiter erkannte er Balducci, den alten Gendarm, den er schon lange kannte.

corde un Arabe qui avançait derrière lui, les mains liées, le front baissé. Le gendarme fit un geste de salutation auquel Daru ne répondit pas, tout entier occupé à regarder l'Arabe vêtu d'une djellabah* autrefois bleue, les pieds dans des sandales, mais couverts de chaussettes en grosse laine grège, la tête coiffée d'un chèche** étroit et court. Ils approchaient. Balducci maintenait sa bête au pas pour ne pas blesser l'Arabe et le groupe avançait lentement.

À portée de voix, Balducci cria : « Une heure pour faire les trois kilomètres d'El Ameur ici ! » Daru ne répondit pas. Court et carré dans son chandail épais, il les regardait monter. Pas une seule fois, l'Arabe n'avait levé la tête. « Salut, dit Daru, quand ils débouchèrent sur le terre-plein. Entrez vous réchauffer. » Balducci descendit péniblement de sa bête, sans lâcher la corde. Il sourit à l'instituteur sous ses moustaches hérissées. Ses petits yeux sombres, très enfoncés sous le front basané, et sa bouche entourée de rides, lui donnaient un air attentif et appliqué. Daru prit la bride, conduisit la bête vers l'appentis, et revint vers les deux hommes qui l'attendaient maintenant dans l'école. Il les fit pénétrer dans sa chambre. « Je vais chauffer la salle de classe, dit-il. Nous y serons plus à l'aise. » Quand il entra de nouveau dans la chambre, Balducci était sur le divan. Il avait dénoué la corde qui le liait à l'Arabe et celui-ci s'était accroupi près du poêle. Les mains toujours liées, le chèche maintenant poussé en arrière, il regardait vers la fenêtre. Daru ne vit d'abord que ses énormes lèvres, pleines, lisses, presque

---

* **djellabah:** Die Dschellaba ist eine bis zu den Füßen reichende Bluse der Algerier und Marokkaner.

** **chèche:** Tuch, das als Turban um den Kopf gewickelt wird.

An einem Strick führte er einen Araber, der mit gefesselten Händen und gesenkter Stirn hinter ihm ging. Der Gendarm machte eine Geste des Grußes, die Daru nicht erwiderte, da er ganz damit beschäftigt war, den Araber zu betrachten; er trug eine einst blaue Dschellaba*, die Füße steckten in Sandalen, waren aber mit Socken aus grober, ungefärbter Wolle bekleidet, ein schmaler, kurzer Chèche** bedeckte seinen Kopf. Sie kamen näher. Balducci hielt sein Tier im Schritt, um den Araber nicht zu verletzen, und so kamen sie nur langsam vorwärts.

Als sie auf Rufweite waren, schrie Balducci: „Eine Stunde für die drei Kilometer von El Ameur hierher!" Daru gab keine Antwort. Klein und vierschrötig in seinem dicken Pullover, schaute er ihnen beim Heraufsteigen zu. Kein einziges Mal hatte der Araber den Kopf gehoben. „Willkommen", sagte Daru, als sie auf den Vorplatz gelangten. „Kommt herein und wärmt euch." Balducci stieg schwerfällig vom Pferd, ohne den Strick loszulassen. Unter seinem struppigen Schnurrbart lächelte er dem Lehrer zu. Seine kleinen, dunklen, tiefliegenden Augen unter der sonnenverbrannten Stirn und sein von Falten umgebener Mund verliehen ihm ein aufmerksames, eifriges Aussehen. Daru ergriff den Zügel und brachte das Tier in den Schuppen, dann kehrte er zu den beiden Männern zurück, die nun in der Schule auf ihn warteten. Er führte sie in sein Zimmer. „Ich werde im Klassenzimmer heizen", sagte er, „wir haben es dort bequemer." Als er zurückkam, saß Balducci auf dem Diwan. Er hatte den Strick gelöst, der ihn an den Araber band, und dieser hatte sich nun neben dem Ofen niedergehockt. Seine Hände waren noch immer gefesselt, er hatte seinen Chèche nach hinten geschoben und schaute zum Fenster hinüber. Daru sah zuerst nur seine riesi-

négroïdes ; le nez cependant était droit, les yeux sombres, pleins de fièvre. Le chèche découvrait un front buté et, sous la peau recuite mais un peu décolorée par le froid, tout le visage avait un air à la fois inquiet et rebelle qui frappa Daru quand l'Arabe, tournant son visage vers lui, le regarda droit dans les yeux. « Passez à côté, dit l'instituteur, je vais vous faire du thé à la menthe. — Merci, dit Balducci. Quelle corvée! Vivement la retraite. » Et s'adressant en arabe à son prisonnier : « Viens, toi. » L'Arabe se leva et, lentement, tenant ses poignets joints devant lui, passa dans l'école.

Avec le thé, Daru apporta une chaise. Mais Balducci trônait déjà sur la première table d'élève et l'Arabe s'était accroupi contre l'estrade du maître, face au poêle qui se trouvait entre le bureau et la fenêtre. Quand il tendit le verre de thé au prisonnier, Daru hésita devant ses mains liées. « On peut le délier, peut-être. — Sûr, dit Balducci. C'était pour le voyage. » Il fit mine de se lever. Mais Daru, posant le verre sur le sol, s'était agenouillé près de l'Arabe. Celui-ci, sans rien dire, le regardait faire de ses yeux fiévreux. Les mains libres, il frotta l'un contre l'autre ses poignets gonflés, prit le verre de thé et aspira le liquide brûlant, à petites gorgées rapides.

« Bon, dit Daru. Et comme ça, où allez-vous ? »

Balducci retira sa moustache du thé : « Ici, fils.

— Drôles d'élèves ! Vous couchez ici ?

gen Lippen, die voll und glatt, ja fast negroid waren; doch die Nase war gerade, und seine dunklen Augen schimmerten fiebrig. Der Chèche enthüllte jetzt eine eigensinnige Stirn, und das ganze Gesicht mit der gegerbten, von der Kälte etwas farblosen Haut zeigte einen zugleich unruhigen und aufrührerischen Ausdruck, der Daru erstaunte, als der Araber ihm das Gesicht zukehrte und ihm gerade in die Augen blickte. „Kommt nach nebenan", sagte der Lehrer, „ich mache euch Minzentee." – „Danke", sagte Balducci. „So eine Schinderei! Wenn ich doch schon in Pension wäre!" An seinen Gefangenen wandte er sich auf arabisch: „Komm." Der Araber stand auf und ging langsam, seine gefesselten Handgelenke vor sich haltend, ins Schulzimmer.

Zugleich mit dem Tee brachte Daru einen Stuhl. Aber Balducci thronte bereits auf dem vordersten Schülerpult, und der Araber hatte sich am Lehrerpodium hingehockt, gegenüber dem Ofen, der zwischen Schreibtisch und Fenster stand. Als Daru dem Gefangenen sein Glas Tee hinhielt, zögerte er beim Anblick seiner gefesselten Hände. „Vielleicht könnte man ihn losbinden?" – „Gewiss", sagte Balducci. „Das war nur für unterwegs." Er machte Anstalten, aufzustehen. Aber schon hatte Daru das Glas auf den Boden gestellt und sich neben dem Araber niedergekniet. Der schaute ihm wortlos aus seinen fiebernden Augen zu. Als seine Hände frei waren, rieb er seine geschwollenen Gelenke aneinander, dann nahm er sein Glas Tee und schlürfte die kochende Flüssigkeit in kleinen Schlucken rasch ein.

„Also gut", sagte Daru. „Und wohin wollt ihr?"

Balducci hob seinen Schnurrbart aus dem Tee. „Hierher, mein Sohn."

„Komische Schüler! Wollt ihr hier übernachten?"

— Non. Je vais retourner à El Ameur. Et toi, tu livreras le camarade à Tinguit. On l'attend à la commune mixte. »

Balducci regardait Daru avec un petit sourire d'amitié.

« Qu'est-ce que tu racontes, dit l'instituteur. Tu te fous de moi?

— Non, fils. Ce sont les ordres.

— Les ordres? Je ne suis pas... » Daru hésita; il ne voulait pas peiner le vieux Corse. « Enfin, ce n'est pas mon métier.

— Eh! Qu'est-ce que ça veut dire? À la guerre, on fait tous les métiers.

— Alors, j'attendrai la déclaration de guerre! »

Balducci approuva de la tête.

« Bon. Mais les ordres sont là et ils te concernent aussi. Ça bouge, paraît-il. On parle de révolte prochaine. Nous sommes mobilisés, dans un sens. »

Daru gardait son air buté.

« Écoute, fils, dit Balducci. Je t'aime bien, il faut comprendre. Nous sommes une douzaine à El Ameur pour patrouiller dans le territoire d'un petit département et je dois rentrer. On m'a dit de te confier ce zèbre et de rentrer sans tarder. On ne pouvait pas le garder là-bas. Son village s'agitait, ils voulaient le reprendre. Tu dois le mener à Tinguit dans la journée de demain. Ce n'est pas une vingtaine de kilomètres qui font peur à un costaud comme toi. Après, ce sera fini. Tu retrouveras tes élèves et la bonne vie. »

Derrière le mur, on entendit le cheval s'ébrouer et frap-

„Nein. Ich kehre gleich nach El Ameur zurück. Und du wirst den Kameraden in Tinguit abliefern. Er wird in der gemischten Gemeinde erwartet."

Balducci schaute Daru mit einem leichten, freundschaftlichen Lächeln an.

„Was redest du da daher?" sagte der Lehrer. „Machst du dich über mich lustig?"

„Nein, mein Sohn. So lautet der Befehl."

„Der Befehl? Ich bin doch kein ..." Daru zögerte. Er wollte den alten Korsen nicht kränken. „Das ist schließlich nicht mein Beruf."

„Na und? Was will das schon heißen? Im Krieg übt man jeden Beruf aus."

„Dann will ich die Kriegserklärung abwarten!"

Balducci nickte beifällig.

„Gut. Aber der Befehl ist da, und er geht auch dich an. Es gärt, wie es scheint. Man munkelt von einem nahe bevorstehenden Aufstand. Wir sind gewissermaßen mobilisiert."

Daru bewahrte seinen eigensinnigen Ausdruck.

„Hör zu, mein Sohn", sagte Balducci. „Ich mag dich, aber begreif doch! Wir sind in El Ameur ein Dutzend Leute, um ein Gebiet zu kontrollieren, das so groß ist wie ein kleines Departement, und ich muss zurück. Ich habe den Auftrag, dir diesen Kerl anzuvertrauen und unverzüglich zurückzukehren. Wir konnten ihn dort unten nicht behalten. Sein Dorf wurde unruhig, sie wollten ihn heimholen. Du musst ihn im Lauf des morgigen Tages nach Tinguit bringen. Zwanzig Kilometer machen doch einem stämmigen Kerl wie dir keine Angst. Nachher ist die Sache erledigt. Du wirst wieder bei deinen Schülern sein und sorglos leben."

Jenseits der Mauer hörte man das Pferd schnauben und

per du sabot. Daru regardait par la fenêtre. Le temps se levait décidément, la lumière s'élargissait sur le plateau neigeux. Quand toute la neige serait fondue, le soleil régnerait de nouveau et brûlerait une fois de plus les champs de pierre. Pendant des jours, encore, le ciel inaltérable déverserait sa lumière sèche sur l'étendue solitaire où rien ne rappelait l'homme.

« Enfin, dit-il en se retournant vers Balducci, qu'est-ce qu'il a fait ? » Et il demanda, avant que le gendarme ait ouvert la bouche : « Il parle français ?

— Non, pas un mot. On le recherchait depuis un mois, mais ils le cachaient. Il a tué son cousin.

— Il est contre nous ?

— Je ne crois pas. Mais on ne peut jamais savoir.

— Pourquoi a-t-il tué?

— Des affaires de famille, je crois. L'un devait du grain à l'autre, paraît-il. Ça n'est pas clair. Enfin, bref, il a tué le cousin d'un coup de serpe. Tu sais, comme au mouton, zic!... »

Balducci fit le geste de passer une lame sur sa gorge et l'Arabe, son attention attirée, le regardait avec une sorte d'inquiétude. Une colère subite vint à Daru contre cet homme, contre tous les hommes et leur sale méchanceté, leurs haines inlassables, leur folie du sang.

Mais la bouilloire chantait sur le poêle. Il resservit du thé à Balducci, hésita, puis servit à nouveau l'Arabe qui, une seconde fois, but avec avidité. Ses bras soulevés entrebâil-

mit den Hufen scharren. Daru schaute zum Fenster hinaus. Das Wetter wurde ganz entschieden besser, das Licht verbreitete sich über die schneebedeckte Hochebene. Sobald der Schnee völlig geschmolzen wäre, würde die Sonne wieder herrschen und einmal mehr die steinigen Felder versengen. Tagelang würde der unwandelbare Himmel von neuem sein trockenes Licht über die einsame Weite ergießen, wo nichts an den Menschen erinnerte.

„Also", sagte er, indem er sich wieder Balducci zuwandte, „was hat er denn angestellt?" Und ehe der Gendarm den Mund aufmachen konnte, fragte er noch: „Spricht er Französisch?"

„Nein, kein Wort. Es wurde seit einem Monat nach ihm gefahndet, aber sie hielten ihn versteckt. Er hat seinen Vetter umgebracht."

„Ist er gegen uns?"

„Ich glaube nicht. Aber das kann man nie wissen."

„Warum hat er getötet?"

„Familiengeschichten, glaub ich. Der eine blieb dem andern Korn schuldig, so scheint's. Eine unklare Sache. Kurz und gut, er hat den Vetter mit dem Gartenmesser umgebracht. Du weißt schon, wie ein Schaf, zack!..."

Balducci machte die Geste des Schnitts einer Klinge an seiner Kehle und erregte damit die Aufmerksamkeit des Arabers, der ihn mit einer gewissen Besorgnis anblickte. Plötzlicher Zorn überfiel Daru gegenüber diesem Mann, gegen alle Menschen und ihre schmutzige Gemeinheit, ihren unermüdlichen Hass, ihren Blutdurst.

Aber der Wasserkessel summte auf dem Ofen. Daru schenkte Balducci wieder Tee ein, zögerte, dann füllte er auch das Glas des Arabers nochmals, und dieser trank ein

laient maintenant la djellabah et l'instituteur aperçut sa poitrine maigre et musclée.

« Merci, petit, dit Balducci. Et maintenant, je file. »

Il se leva et se dirigea vers l'Arabe, en tirant une cordelette de sa poche.

« Qu'est-ce que tu fais ? » demanda sèchement Daru. Balducci, interdit, lui montra la corde.

« Ce n'est pas la peine. »

Le vieux gendarme hésita :

« Comme tu voudras. Naturellement, tu es armé?

— J'ai mon fusil de chasse.

— Où?

— Dans la malle.

— Tu devrais l'avoir près de ton lit.

— Pourquoi? Je n'ai rien à craindre.

— Tu es sonné, fils. S'ils se soulèvent, personne n'est à l'abri, nous sommes tous dans le même sac.

— Je me défendrai. J'ai le temps de les voir arriver. » Balducci se mit à rire, puis la moustache vint soudain recouvrir les dents encore blanches.

« Tu as le temps? Bon. C'est ce que je disais. Tu as toujours été un peu fêlé. C'est pour ça que je t'aime bien, mon fils était comme ça. »

Il tirait en même temps son revolver et le posait sur le bureau.

« Garde-le, je n'ai pas besoin de deux armes d'ici à El Ameur. »

Le revolver brillait sur la peinture noire de la table.

zweites Mal voller Gier. Seine erhobenen Arme ließen jetzt die Dschellaba aufspringen, und der Lehrer bemerkte seine magere, sehnige Brust.

„Danke, mein Junge", sagte Balducci. „Und jetzt mache ich mich auf den Weg."

Er stand auf und wandte sich dem Araber zu, während er eine Schnur aus der Tasche zog.

„Was machst du da? " fragte Daru scharf.

Betroffen zeigte Balducci ihm die Schnur.

„Das ist nicht nötig."

Der alte Gendarm zauderte.

„Wie du willst. Du bist doch bewaffnet?"

„Ich habe mein Jagdgewehr."

„Wo?"

„Im Überseekoffer."

„Neben deinem Bett solltest du es haben."

„Warum? Ich habe nichts zu fürchten."

„Du bist beklopft, Junge. Wenn sie sich auflehnen, ist keiner sicher, wir sitzen alle im gleichen Boot."

„Ich werde mich wehren. Ich habe genug Zeit, sie herankommen zu sehen."

Balducci setzte zu einem Lachen an, dann bedeckte der Schnurrbart plötzlich wieder die noch weißen Zähne.

„Du hast genug Zeit? Schön. Das habe ich ja eben gesagt. Du warst schon immer nicht ganz dicht. Gerade deshalb mag ich dich, mein Sohn war genauso."

Gleichzeitig zog er seinen Revolver und legte ihn auf den Schreibtisch.

„Behalte ihn, ich brauche nicht zwei Waffen von hier nach El Ameur."

Der Revolver schimmerte auf der schwarzlackierten

Quand le gendarme se retourna vers lui, l'instituteur sentit son odeur de cuir et de cheval.

« Écoute, Balducci, dit Daru soudainement, tout ça me dégoûte, et ton gars le premier. Mais je ne le livrerai pas. Me battre, oui, s'il le faut. Mais pas ça. »

Le vieux gendarme se tenait devant lui et le regardait avec sévérité.

« Tu fais des bêtises, dit-il lentement. Moi non plus, je n'aime pas ça. Mettre une corde à un homme, malgré les années, on ne s'y habitue pas et même, oui, on a honte. Mais on ne peut pas les laisser faire.

— Je ne le livrerai pas, répéta Daru.

— C'est un ordre, fils. Je te le répète.

— C'est ça. Répète-leur ce que je t'ai dit : je ne le livrerai pas. »

Balducci faisait un visible effort de réflexion. Il regardit l'Arabe et Daru. Il se décida enfin.

« Non. Je ne leur dirai rien. Si tu veux nous lâcher, à ton aise, je ne te dénoncerai pas. J'ai l'ordre de livrer le prisonnier : je le fais. Tu vas maintenant me signer le papier.

— C'est inutile. Je ne nierai pas que tu me l'as laissé.

— Ne sois pas méchant avec moi. Je sais que tu diras la vérité. Tu es d'ici, tu es un homme. Mais tu dois signer, c'est la règle. »

Daru ouvrit son tiroir, tira une petite bouteille carrée d'encre violette, le porte-plume de bois rouge avec la plume

Tischplatte. Als der Gendarm sich umdrehte, spürte der Lehrer seinen Geruch nach Leder und Pferd.

„Hör zu, Balducci", sagte Daru auf einmal, „das Ganze da widert mich an, und dein Bursche da am meisten. Aber ich werde ihn nicht ausliefern. Mich schlagen, ja, wenn es sein muss. Aber das nicht."

Der alte Gendarm stand aufrecht vor ihm und schaute ihn streng an.

„Du begehst eine Dummheit", sagte er langsam. „Auch ich mag das nicht. Einem Menschen einen Strick anlegen, trotz der Jahre gewöhnt man sich nicht daran, und man schämt sich sogar, ja wahrhaftig. Aber man kann es ihnen nicht einfach durchgehen lassen."

„Ich werde ihn nicht ausliefern", wiederholte Daru.

„Es ist ein Befehl, mein Sohn. Ich wiederhole es dir."

„Richtig! Wiederhole ihnen, was ich dir gesagt habe: ich werde ihn nicht ausliefern."

Balducci strengte sich sichtlich an, nachzudenken. Er schaute den Araber an und dann Daru. Endlich entschied er sich.

„Nein. Ich werde ihnen nichts berichten. Wenn du dich von uns lossagen willst, tu, was du willst, ich werde dich nicht anzeigen. Ich habe Befehl, den Gefangenen abzuliefern, und das tue ich. Du unterschreibst mir jetzt noch das Papier."

„Das ist unnötig. Ich werde nicht abstreiten, dass du ihn bei mir gelassen hast."

„Sei doch nicht so ungezogen zu mir. Ich weiß, dass du die Wahrheit sagen wirst. Du bist von hier, du bist ein Mann. Aber unterschreiben musst du, das ist Vorschrift."

Daru öffnete seine Schublade, holte ein viereckiges Fläschchen mit violetter Tinte hervor, den Federhalter aus

sergent-major qui lui servait à tracer les modèles d'écriture et il signa. Le gendarme plia soigneusement le papier et le mit dans son portefeuille. Puis il se dirigea vers la porte.

« Je vais t'accompagner, dit Daru.

— Non, dit Balducci. Ce n'est pas la peine d'être poli. Tu m'as fait un affront. »

Il regarda l'Arabe, immobile, à la même place, renifla d'un air chagrin et se détourna vers la porte : « Adieu, fils », dit-il. La porte battit derrière lui. Balducci surgit devant la fenêtre puis disparut. Ses pas étaient étouffés par la neige. Le cheval s'agita derrière la cloison, des poules s'effarèrent. Un moment après, Balducci repassa devant la fenêtre tirant le cheval par la bride. Il avançait vers le raidillon sans se retourner, disparut le premier et le cheval le suivit. On entendit une grosse pierre rouler mollement. Daru revint vers le prisonnier qui n'avait pas bougé, mais ne le quittait pas des yeux. « Attends », dit l'instituteur en arabe, et il se dirigea vers la chambre. Au moment de passer le seuil, il se ravisa, alla au bureau, prit le revolver et le fourra dans sa poche. Puis, sans se retourner, il entra dans sa chambre.

Longtemps, il resta étendu sur son divan à regarder le ciel se fermer peu à peu, à écouter le silence. C'était ce silence qui lui avait paru pénible les premiers jours de son arrivée, après la guerre. Il avait demandé un poste dans la petite ville au pied des contreforts qui séparent du désert les hauts plateaux. Là, des murailles rocheuses, vertes et noires

rotem Holz mit der Feder eines Rechnungsführers, die ihm zum Vorzeichnen der Schrift diente, und unterschrieb. Der Gendarm faltete das Blatt sorgfältig zusammen und legte es in seine Brieftasche. Dann wandte er sich zur Tür.

„Ich begleite dich hinaus", sagte Daru.

„Nein", sagte Balducci. „Gib dir keine Mühe, höflich zu sein. Du hast mich beleidigt."

Er schaute den Araber an, der unbeweglich an derselben Stelle hockte, zog missmutig die Nase hoch und wandte sich zur Tür. „Leb wohl, mein Junge", sagte er. Die Tür fiel hinter ihm zu. Er tauchte vor dem Fenster auf und verschwand. Seine Schritte wurden vom Schnee gedämpft. Hinter dem Verschlag rührte sich das Pferd, Hühner gerieten in Aufruhr. Gleich danach kam Balducci nochmals am Fenster vorbei, er zog das Pferd am Halfter. Er ging auf den Steilhang zu, ohne sich umzudrehen; er verschwand, und das Pferd folgte ihm. Man hörte einen großen Stein dumpf hinunterkollern. Daru ging zum Gefangenen zurück, der sich nicht gerührt hatte, ihn jedoch nicht aus den Augen ließ. „Warte", sagte der Lehrer auf arabisch und wollte in sein Zimmer gehen. Als er über die Schwelle treten wollte, besann er sich anders, ging zum Schreibtisch, nahm den Revolver und steckte ihn in seine Tasche. Dann begab er sich in sein Zimmer, ohne sich umzuwenden.

Lange blieb er ausgestreckt auf seinem Diwan liegen, schaute zu, wie der Himmel sich allmählich schloss, und lauschte auf die Stille. Gerade diese Stille war für ihn betrüblich gewesen in jener ersten Zeit, als er nach dem Krieg hierher kam. Er hatte sich um eine Stelle in der kleinen Stadt am Fuß des Vorgebirges beworben, das die Hochplateaus von der Wüste trennt. Im Norden grüne und

au nord, rosés ou mauves au sud, marquaient la frontière de
l'éternel été. On l'avait nommé à un poste plus au nord, sur
le plateau même. Au début, la solitude et le silence lui
avaient été durs sur ces terres ingrates, habitées seulement
par des pierres. Parfois, des sillons faisaient croire à des cul-
tures, mais ils avaient été creusés pour mettre au jour une
certaine pierre, propice à la construction. On ne labourait ici
que pour récolter des cailloux. D'autres fois, on grattait
quelques copeaux de terre, accumulée dans des creux, dont
on engraisserait les maigres jardins des villages. C'était
ainsi, le caillou seul couvrait les trois quarts de ce pays. Les
villes y naissaient, brillaient, puis disparaissaient; les
hommes y passaient, s'aimaient ou se mordaient à la gorge,
puis mouraient. Dans ce désert, personne, ni lui ni son hôte
n'étaient rien. Et pourtant, hors de ce désert, ni l'un ni l'autre, Daru le savait, n'auraient pu vivre vraiment.

Quand il se leva, aucun bruit ne venait de la salle de
classe. Il s'étonna de cette joie franche qui lui venait à la
seule pensée que l'Arabe avait pu fuir et qu'il allait se retrouver seul sans avoir rien à décider. Mais le prisonnier
était là. Il s'était seulement couché de tout son long entre le
poêle et le bureau. Les yeux ouverts, il regardait le plafond.
Dans cette position, on voyait surtout ses lèvres épaisses qui
lui donnaient un air boudeur. « Viens », dit Daru. L'Arabe se
leva et le suivit. Dans la chambre, l'instituteur lui montra

schwarze, im Süden rosa oder lilafarbene Felsenmauern bezeichneten da die Grenze des ewigen Sommers. Man hatte ihm einen Posten weiter im Norden direkt auf der Hochebene zugewiesen. Anfangs waren die Einsamkeit und das Schweigen in diesem undankbaren, nur von Steinen bewohnten Landstrich hart für ihn gewesen. Manchmal ließen Furchen an Landwirtschaft glauben, aber man hatte sie nur aufgegraben, um einen bestimmten, zum Bauen geeigneten Stein zutage zu fördern. Man pflügte hier nur, um Schotter zu ernten. Ein anderes Mal kratzte man auch ein paar Erdbrocken zusammen, die sich in Vertiefungen angesammelt hatten, um damit die unergiebigen Gärten in den Dörfern anzureichern. So war es nun einmal, die Kieselsteine bedeckten allein drei Viertel des Landes. Städte entstanden hier, blühten auf und verschwanden wieder; Menschen traten auf, liebten sich oder bissen sich in die Gurgel, und dann starben sie. In dieser Wüste bedeuteten weder er noch sein Gast das geringste. Und doch hätte außerhalb dieser Wüste weder der eine noch der andere, das wusste Daru, wirklich zu leben vermocht.

Als er sich erhob, drang kein Geräusch aus dem Schulzimmer. Daru wunderte sich über die offene Freude, die er beim bloßen Gedanken empfand, der Araber sei vielleicht geflohen und er werde wieder allein sein, ohne etwas entscheiden zu müssen. Aber der Gefangene war da. Er hatte sich nur in ganzer Länge zwischen Ofen und Schreibtisch hingelegt. Mit offenen Augen betrachtete er die Zimmerdecke. In dieser Stellung sah man vor allem seine wulstigen Lippen, die ihm einen schmollenden Ausdruck verliehen. „Komm", sagte Daru. Der Araber stand auf und folgte ihm. Im anderen Zimmer wies der Lehrer auf einen Stuhl neben

une chaise près de la table sous la fenêtre. L'Arabe prit place sans cesser de regarder Daru. « Tu as faim ?

— Oui », dit le prisonnier.

Daru installa deux couverts. Il prit de la farine et de l'huile, pétrit dans un plat une galette et alluma le petit fourneau à butagaz. Pendant que la galette cuisait, il sortit pour ramener de l'appentis du fromage, des œufs, des dattes et du lait condensé. Quand la galette fut cuite, il la mit à refroidir sur le rebord de la fenêtre, fit chauffer du lait condensé étendu d'eau et, pour finir, battit les œufs en omelette. Dans un de ses mouvements, il heurta le revolver enfoncé dans sa poche droite. Il posa le bol, passa dans la salle de classe et mit le revolver dans lé tiroir de son bureau. Quand il revint dans la chambre, la nuit tombait. Il donna de la lumière et servit l'Arabe : « Mange », dit-il. L'autre prit un morceau de galette, le porta vivement à sa bouche et s'arrêta.

« Et toi ? dit-il.

— Après toi. Je mangerai aussi. »

Les grosses lèvres s'ouvrirent un peu, l'Arabe hésita, puis il mordit résolument dans la galette.

Le repas fini, l'Arabe regardait l'instituteur.

« C'est toi le juge ?

— Non, je te garde jusqu'à demain.

— Pourquoi tu manges avec moi?

— J'ai faim. »

L'autre se tut. Daru se leva et sortit. Il ramena un lit de camp de l'appentis, l'étendit entre la table et le poêle, perpendiculairement à son propre lit. D'une grande valise qui, debout dans un coin, servait d'étagère à dossiers, il tira deux

dem Tisch am Fenster. Der Araber setzte sich, ohne die Augen von Daru abzuwenden. „Hast du Hunger?"

„Ja", sagte der Gefangene.

Daru legte zwei Gedecke auf. Er nahm Mehl und Öl, knetete in einer Schüssel einen Fladenteig und zündete den kleinen Butangas-Backofen an. Während der Fladen buk, ging er hinaus, um aus dem Schuppen Käse, Eier, Datteln und Kondensmilch zu holen. Als der Fladen gebacken war, stellte er ihn zum Abkühlen auf das Fensterbrett, erhitzte mit Wasser verdünnte Kondensmilch und schlug schließlich die Eier zu einer Omelette. Während seiner Bewegungen stieß er an den Revolver, der in seiner rechten Hosentasche steckte. Er stellte die Schüssel hin, ging ins Schulzimmer hinüber und legte den Revolver in seine Schreibtischlade. Als er wieder zurückkam, war es dunkel geworden. Er machte Licht und servierte dem Araber. „Iss", sagte er. Der andere nahm ein Stück Fladen, führte es gierig zum Mund, hielt aber inne.

„Und du?" fragte er.

„Nach dir. Ich esse dann auch."

Die dicken Lippen öffneten sich ein wenig, der Araber zögerte, dann biss er entschlossen in den Fladen.

Als sie gegessen hatten, sah der Araber den Lehrer an.

„Bist du der Richter?"

„Nein. Ich bewache dich bis morgen."

„Warum isst du mit mir?"

„Ich habe Hunger."

Der andere schwieg. Daru erhob sich und ging hinaus. Er brachte ein Feldbett aus dem Schuppen und stellte es quer zu seinem eigenen Bett zwischen Tisch und Ofen auf. Aus einem großen Koffer, der aufrecht in einer Ecke stand und

couvertures qu'il disposa sur le lit de camp. Puis il s'arrêta, se sentit oisif, s'assit sur son lit. Il n'y avait plus rien à faire ni à préparer. Il fallait regarder cet homme. Il le regardait donc, essayant d'imaginer ce visage emporté de fureur. Il n'y parvenait pas. Il voyait seulement le regard à la fois sombre et brillant, et la bouche animale.

« Pourquoi tu l'as tué ? » dit-il d'une voix dont l'hostilité le surprit.

L'Arabe détourna son regard.

« Il s'est sauvé. J'ai couru derrière lui. »

Il releva les yeux sur Daru et ils étaient pleins d'une sorte d'interrogation malheureuse.

« Maintenant, qu'est-ce qu'on va me faire ?

— Tu as peur ? »

L'autre se raidit, en détournant les yeux.

« Tu regrettes ? »

L'Arabe le regarda, bouche ouverte. Visiblement, il ne comprenait pas. L'irritation gagnait Daru. En même temps, il se sentait gauche et emprunté dans son gros corps, coincé entre les deux lits.

« Couche-toi là, dit-il avec impatience. C'est ton lit. »

L'Arabe ne bougeait pas. Il appela Daru :

« Dis ! »

L'instituteur le regarda.

« Le gendarme revient demain?

— Je ne sais pas.

— Tu viens avec nous ?

— Je ne sais pas. Pourquoi? »

zur Aufbewahrung von Mappen diente, holte er zwei Decken und breitete sie über das Feldbett. Dann hielt er inne, kam sich müßig vor und setzte sich auf sein Bett. Er hatte nichts mehr zu tun oder vorzubereiten. Er musste diesen Mann anzuschauen. Also schaute er ihn an und versuchte, sich dieses Gesicht in rasendem Zorn vorzustellen. Es gelang ihm nicht. Er sah nur den zugleich düsteren und glänzenden Blick und den tierhaften Mund.

„Warum hast du ihn getötet?" fragte er in einem Ton, dessen Feindseligkeit ihn überraschte.

Der Araber wandte den Blick weg.

„Er ist davongelaufen. Ich bin ihm nachgerannt."

Er schaute Daru wieder an, und in seinen Augen stand etwas wie eine unglückliche Frage.

„Was wird man jetzt mit mir machen?"

„Hast du Angst?"

Der andere straffte sich und wandte den Blick ab.

„Tut es dir leid?"

Der Araber schaute ihn mit offenem Mund an. Es war offensichtlich, dass er nicht verstand. Gereiztheit bemächtigte sich Darus. Gleichzeitig fühlte er sich mit seinem kräftigen, zwischen den beiden Betten eingeklemmten Körper linkisch und unbeholfen.

„Leg dich da hin", sagte er ungeduldig. „Es ist dein Bett."

Der Araber rührte sich nicht. Er redete Daru an:

„Sag mal!"

Der Lehrer blickte ihn an.

„Kommt der Gendarm morgen wieder?"

„Ich weiß nicht."

„Kommst du mit uns?"

„Ich weiß nicht. Warum?"

Le prisonnier se leva et s'étendit à même les couvertures, les pieds vers la fenêtre. La lumière de l'ampoule électrique lui tombait droit dans les yeux qu'il ferma aussitôt.

« Pourquoi ? » répéta Daru, planté devant le lit.

L'Arabe ouvrit les yeux sous la lumière aveuglante et le regarda en s'efforçant de ne pas battre les paupières.

« Viens avec nous », dit-il.

Au milieu de la nuit, Daru ne dormait toujours pas. Il s'était mis au lit après s'être complètement déshabillé : il couchait nu habituellement. Mais quand il se trouva sans vêtements dans la chambre, il hésita. Il se sentait vulnérable, la tentation lui vint de se rhabiller. Puis il haussa les épaules; il en avait vu d'autres et, s'il le fallait, il casserait en deux son adversaire. De son lit, il pouvait l'observer, étendu sur le dos, toujours immobile et les yeux fermés sous la lumière violente. Quand Daru éteignit, les ténèbres semblèrent se congeler d'un coup. Peu à peu, la nuit redevint vivante dans la fenêtre où le ciel sans étoiles remuait doucement. L'instituteur distingua bientôt le corps étendu devant lui. L'Arabe ne bougeait toujours pas, mais ses yeux semblaient ouverts. Un léger vent rôdait autour de l'école. Il chasserait peut-être les nuages et le soleil reviendrait.

Dans la nuit, le vent grandit. Les poules s'agitèrent un peu, puis se turent. L'Arabe se retourna sur le côté, présentant le dos à Daru et celui-ci crut l'entendre gémir. Il guetta

Der Gefangene stand auf und legte sich mit den Füßen gegen das Fenster auf die Decken. Das Licht der elektrischen Birne fiel ihm gerade in die Augen, die er sofort schloss.

„Warum?" wiederholte Daru, der sich vor das Bett hingestellt hatte.

Der Araber schlug die Augen unter dem blendenden Licht auf und sah ihn an, wobei er sich bemühte, nicht zu blinzeln.

„Komm mit uns", sagte er.

Mitten in der Nacht schlief Daru noch immer nicht. Er hatte sich zu Bett gelegt, nachdem er sich völlig ausgezogen hatte: er pflegte nackt zu schlafen. Aber als er sich ohne irgendeine Bekleidung im Zimmer befand, zögerte er. Er fühlte sich verwundbar und war versucht, sich wieder anzuziehen. Dann zuckte er die Achseln; er hatte sich schon in ähnlichen Lagen befunden und notfalls würde er seinen Gegner zusammenschlagen. Von seinem Bett aus konnte er ihn beobachten; er lag immer noch unbeweglich auf dem Rücken und hielt die Augen unter dem grellen Licht geschlossen. Als Daru es ausmachte, schienen die Schatten wie auf einen Schlag zu Eis zu erstarren. Allmählich wurde die Nacht wieder lebendig hinter dem Fenster, wo der Himmel ohne Sterne sich sanft zu regen begann. Bald unterschied der Lehrer die vor ihm liegende Gestalt. Der Araber rührte sich noch immer nicht, aber seine Augen schienen jetzt offen zu sein. Ein leichter Wind strich um die Schule. Vielleicht würde er die Wolken verjagen, und die Sonne würde zurückkehren.

In der Nacht wurde der Wind stärker. Die Hühner rannten ein wenig umher und verstummten dann. Der Araber drehte sich zur Seite, sodass er Daru den Rücken zukehrte, und die-

ensuite sa respiration, devenue plus forte et plus régulière. Il écoutait ce souffle si proche et rêvait sans pouvoir s'endormir. Dans la chambre où, depuis un an, il dormait seul, cette présence le gênait. Mais elle le gênait aussi parce qu'elle lui imposait une sorte de fraternité qu'il refusait dans les circonstances présentes et qu'il connaissait bien : les hommes, qui partagent les mêmes chambres, soldats ou prisonniers, contractent un lien étrange comme si, leurs armures quittées avec les vêtements, ils se rejoignaient chaque soir, par-dessus leurs différences, dans la vieille communauté du songe et de la fatigue. Mais Daru se secouait, il n'aimait pas ces bêtises, il fallait dormir.

Un peu plus tard pourtant, quand l'Arabe bougea imperceptiblement, l'instituteur ne dormait toujours pas. Au deuxième mouvement du prisonnier, il se raidit, en alerte. L'Arabe se soulevait lentement sur les bras, d'un mouvement presque somnambulique. Assis sur le lit, il attendit, immobile, sans tourner la tête vers Daru, comme s'il écoutait de toute son attention. Daru ne bougea pas : il venait de penser que le revolver était resté dans le tiroir de son bureau. Il valait mieux agir tout de suite. Il continua cependant d'observer le prisonnier qui, du même mouvement huilé, posait ses pieds sur le sol, attendait encore, puis commençait à se dresser lentement. Daru allait l'interpeller quand l'Arabe se mit en marche, d'une allure naturelle cette fois, mais extraordinairement silencieuse. Il allait vers la porte du fond qui donnait sur l'appentis. Il fit jouer le loquet avec précaution et sortit en repoussant la porte derrière lui, sans la refermer.

ser glaubte ihn stöhnen zu hören. Dann lauschte er seinem Atmen, das kräftiger und regelmäßiger geworden war. Er horchte auf diesen so nahen Atem und träumte, ohne einschlafen zu können. In diesem Zimmer, wo er seit einem Jahr allein schlief, störte ihn die Gegenwart des anderen. Doch sie störte ihn auch, weil sie ihm eine Art Brüderlichkeit auferlegte, die er unter den gegenwärtigen Umständen ablehnte und die er gut kannte: Männer, Soldaten oder Gefangene, die ein und denselben Raum teilen, gehen eine seltsame Bindung ein, so als ob sie jeden Abend, nachdem sie ihre Schutzpanzer zusammen mit den Kleidern abgelegt haben, jenseits ihrer Eigenheiten in der alten Gemeinschaft des Traums und der Müdigkeit zusammenträfen. Aber Daru schüttelte sich, er mochte solche Dummheiten nicht, er musste schlafen.

Als der Araber sich jedoch etwas später unmerklich regte, schlief der Lehrer noch immer nicht. Bei der zweiten Bewegung des Gefangenen straffte er sich alarmbereit. Der Araber richtete sich langsam, beinahe schlafwandlerisch mit den Armen auf. Auf dem Bettrand sitzend, wartete er unbeweglich, ohne den Kopf nach Daru zu wenden, als horche er mit größter Aufmerksamkeit. Daru rührte sich nicht; eben fiel ihm ein, dass er den Revolver in der Schreibtischlade gelassen hatte. Es war besser, sofort zu handeln. Indessen fuhr er fort, den Gefangenen zu beobachten, der mit derselben Geschmeidigkeit seine Füße auf den Boden setzte, wieder wartete und dann anfing, sich leise aufzurichten. Daru wollte ihn gerade anrufen, als der Araber sich in ganz natürlicher, aber unglaublich lautloser Gangart zu entfernen begann. Er begab sich zur hinteren Tür, die in den Schuppen führte. Vorsichtig probierte er die Klinke, ging hinaus und

Daru n'avait pas bougé : « Il fuit, pensait-il seulement. Bon débarras ! » Il tendit pourtant l'oreille. Les poules ne bougeaient pas : l'autre était donc sur le plateau. Un faible bruit d'eau lui parvint alors dont il ne comprit ce qu'il était qu'au moment où l'Arabe s'encastra de nouveau dans la porte, la referma avec soin, et vint se recoucher sans un bruit. Alors Daru lui tourna le dos et s'endormit, plus tard encore, il lui sembla entendre, du fond de son sommeil, des pas furtifs autour de l'école. « Je rêve, je rêve ! » se répétait-il. Et il dormait.

Quand il se réveilla, le ciel était découvert; par la fenêtre mal jointe entrait un air froid et pur. L'Arabe dormait, recroquevillé maintenant sous les couvertures, la bouche ouverte, totalement abandonné. Mais quand Daru le secoua, il eut un sursaut terrible, regardant Daru sans le reconnaître avec des yeux fous et une expression si apeurée que l'instituteur fit un pas en arrière. « N'aie pas peur. C'est moi. Il faut manger. » L'Arabe secoua la tête et dit oui. Le calme était revenu sur son visage, mais son expression restait absente et distraite.

Le café était prêt. Ils le burent, assis tous deux sur le lit de camp, en mordant leurs morceaux de galette. Puis Daru mena l'Arabe sous l'appentis et lui montra le robinet où il faisait sa toilette. Il rentra dans la chambre, plia les couvertures et le lit de camp, fit son propre lit et mit la pièce en ordre. Il sortit alors sur le terre-plein en passant par l'école. Le soleil montait déjà dans le ciel bleu; une lumière tendre et vive inondait le plateau désert. Sur le raidillon, la neige fondait par endroits. Les pierres allaient apparaître de nou-

zog die Tür hinter sich zu, ohne sie zu schließen. Daru hatte sich nicht bewegt. „Er reißt aus", dachte er nur. „Den wären wir los!" Dennoch spitzte er die Ohren. Die Hühner rührten sich nicht, der andere war also auf dem freien Platz. Dann vernahm er ein schwaches Geplätscher, dessen Bedeutung er erst verstand, als der Araber wieder in der Tür auftauchte, sie sorgfältig schloss und sich geräuschlos hinlegte. Da kehrte Daru ihm den Rücken zu und schlief ein, und noch später meinte er in der Tiefe seines Schlafs verstohlene Schritte um das Schulhaus zu hören. „Ich träume, ich träume!" wiederholte er für sich. Und er schlief.

Als er aufwachte, war der Himmel wolkenlos; durch das schlecht schließende Fenster drang kalte, reine Luft herein. Der Araber schlief jetzt zusammengerollt unter den Decken, mit offenem Mund, völlig ausgesetzt. Aber als Daru ihn rüttelte, fuhr er entsetzt hoch und schaute ihn, ohne ihn zu erkennen, aus verstörten Augen und mit so furchtsamem Ausdruck an, dass der Lehrer einen Schritt zurückwich. „Hab keine Angst. Ich bin's. Wir müssen essen." Der Araber schüttelte den Kopf und sagte ja. Sein Gesicht war wieder ruhig, aber sein Ausdruck blieb abwesend und zerstreut.

Der Kaffee war fertig. Sie saßen zu zweit auf dem Feldbett, tranken und bissen in ihre Fladen. Dann führte Daru den Araber in den Schuppen und zeigte ihm den Wasserhahn, unter dem er sich zu waschen pflegte. Er kehrte ins Zimmer zurück, faltete die Decken, klappte das Feldbett zusammen, machte sein eigenes Bett und räumte auf. Dann ging er durch das Schulzimmer auf den Vorplatz hinaus. Die Sonne stieg schon am blauen Himmel auf; ein weiches, frisches Licht überflutete die öde Hochebene. Am Steilhang begann der Schnee stellenweise zu schmelzen.

veau. Accroupi au bord du plateau, l'instituteur contemplait l'étendue déserte. Il pensait à Balducci. Il lui avait fait de la peine, il l'avait renvoyé, d'une certaine manière, comme s'il ne voulait pas être dans le même sac. Il entendait encore l'adieu du gendarme et, sans savoir pourquoi, il se sentait étrangement vide et vulnérable. À ce moment, de l'autre côté de l'école, le prisonnier toussa. Daru l'écouta, presque malgré lui, puis, furieux, jeta un caillou qui siffla dans l'air avant de s'enfoncer dans la neige. Le crime imbécile de cet homme le révoltait, mais le livrer était contraire à l'honneur : d'y penser seulement le rendait fou d'humiliation. Et il maudissait à la fois les siens qui lui envoyaient cet Arabe et celui-ci qui avait osé tuer et n'avait pas su s'enfuir. Daru se leva, tourna en rond sur le terre-plein, attendit, immobile, puis entra dans l'école.

L'Arabe, penché sur le sol cimenté de l'appentis, se lavait les dents avec deux doigts. Daru le regarda, puis : « Viens », dit-il. Il rentra dans la chambre, devant le prisonnier. Il enfila une veste de chasse sur son chandail et chaussa des souliers de marche. Il attendit debout que l'Arabe eût remis son chèche et ses sandales. Ils passèrent dans l'école et l'instituteur montra la sortie à son compagnon. « Va », dit-il. L'autre ne bougea pas. « Je viens », dit Daru. L'Arabe sortit. Daru rentra dans la chambre et fit un paquet avec des biscottes, des dattes et du sucre. Dans la salle de classe, avant de sortir, il hésita une seconde devant son bureau, puis

Bald würden die Steine wieder zum Vorschein kommen. Der Lehrer kauerte am Rand der Hochebene und betrachtete die öde Weite. Er dachte an Balducci. Er hatte ihm weh getan, er hatte ihn gewissermaßen weggeschickt, als wollte er nicht mit ihm im selben Boot sitzen. Er hörte noch das Lebewohl des Gendarmen, und ohne zu wissen warum, fühlte er sich seltsam leer und verletzlich. In diesem Augenblick hustete der Gefangene auf der anderen Seite der Schule. Daru hörte es fast widerwillig, dann warf er wütend einen Kieselstein, der durch die Luft pfiff, ehe er sich im Schnee vergrub. Das blöde Verbrechen dieses Mannes empörte ihn, aber ihn auszuliefern, verstieß gegen die Ehre: allein der Gedanke daran war eine Demütigung, die ihn rasend machte. Und er verfluchte gleichzeitig die Seinen, die ihm diesen Araber geschickt hatten, und diesen Mann, der es gewagt hatte, zu töten, der aber nicht zu fliehen gewusst hatte. Daru erhob sich, ging auf dem freien Platz im Kreis umher, wartete reglos und betrat dann die Schule.

Der Araber stand über den Zementboden des Schuppens gebeugt und putzte sich mit zwei Fingern die Zähne. Daru betrachtete ihn. „Komm", sagte er dann. Er trat in sein Zimmer, der Gefangene folgte. Daru zog sich eine Jagdjoppe über den Pullover und legte sich seine Marschierschuhe an. Er wartete stehend, bis der Araber seinen Chèche wieder angelegt und die Sandalen angezogen hatte. Sie gingen ins Schulzimmer hinüber, und der Lehrer wies seinen Begleiter zur Tür. „Geh", sagte er. Der andere rührte sich nicht. „Ich komme", sagte Daru. Der Araber ging hinaus. Daru kehrte in sein Zimmer zurück und packte Zwieback, Datteln und Zucker zusammen. Ehe er das Schulzimmer verließ, stand er eine Sekunde zögernd vor

il franchit le seuil de l'école et boucla la porte. « C'est par
là », dit-il. Il prit la direction de l'est, suivi par le prisonnier.
Mais, à une faible distance de l'école, il lui sembla entendre
un léger bruit derrière lui. Il revint sur ses pas, inspecta les
alentours de la maison : il n'y avait personne. L'Arabe le
regardait faire, sans paraître comprendre. « Allons », dit
Daru.

Ils marchèrent une heure et se reposèrent auprès d'une
sorte d'aiguille calcaire. La neige fondait de plus en plus
vite, le soleil pompait aussitôt les flaques, nettoyait à toute
allure le plateau qui, peu à peu, devenait sec et vibrait
comme l'air lui-même. Quand ils reprirent la route, le sol
résonnait sous leurs pas. De loin en loin, un oiseau fendait
l'espace devant eux avec un cri joyeux. Daru buvait, à pro-
fondes aspirations, la lumière fraîche. Une sorte d'exaltation
naissait en lui devant le grand espace familier, presque entièrement jaune maintenant, sous sa calotte de ciel bleu. Ils
marchèrent encore une heure, en descendant vers le sud. Ils
arrivèrent à une sorte d'éminence aplatie, faite de rochers
friables. À partir de là, le plateau dévalait, à l'est, vers une
plaine basse où l'on pouvait distinguer quelques arbres maigres et, au sud, vers des amas rocheux qui donnaient au paysage un aspect tourmenté.

Daru inspecta les deux directions. Il n'y avait que le ciel
à l'horizon, pas un homme ne se montrait. Il se tourna vers
l'Arabe, qui le regardait sans comprendre. Daru lui tendit un
paquet : « Prends, dit-il. Ce sont des dattes, du pain, du
sucre. Tu peux tenir deux jours. Voilà mille francs aussi. »

seinem Schreibtisch, dann trat er über die Schwelle und schloss die Schule ab. „Wir gehen hier", sagte er. Er schlug die Richtung nach Osten ein, der Gefangene folgte ihm. Aber als sie ein kleines Stück von der Schule entfernt waren, glaubte Daru, ein leises Geräusch hinter sich zu hören. Er kehrte um und überprüfte die Umgebung des Hauses: es war niemand da. Der Araber sah ihm zu, offensichtlich ohne zu begreifen. „Gehen wir", sagte Daru.

Sie marschierten eine Stunde und rasteten dann neben einer Felsnadel aus Kalkstein. Der Schnee schmolz immer rascher, die Sonne sog auch die Lachen auf und säuberte mit größter Geschwindigkeit die Hochebene, die nach und nach trocknete und wie die Luft zu zittern begann. Als sie sich wieder auf den Weg machten, hallte der Boden unter ihren Schritten. Hier und dort zerteilte ein Vogel mit fröhlichem Schrei vor ihnen den Raum. Mit tiefen Atemzügen trank Daru das frische Licht. Eine gewisse Berauschtheit stieg in ihm auf angesichts der großen, vertrauten Weite, die jetzt unter der Haube des blauen Himmels fast überall gelb war. Sie marschierten wieder eine Stunde, abwärts in südlicher Richtung, bis sie auf eine abgeflachte Anhöhe aus brüchigem Fels gelangten. Von hier an senkte sich das Plateau gegen Osten in eine Tiefebene, in der man ein paar dürftige Bäume ausmachen konnte, und gegen Süden auf ein wirre Anhäufung von Felsen zu, die der Landschaft ein gequältes Aussehen verliehen.

Daru blickte prüfend in beide Richtungen. Man sah nur Himmel bis zum Horizont, kein Mensch zeigte sich. Er kehrte sich dem Araber zu, der ihn verständnislos anschaute. Daru streckte ihm ein Päckchen hin. „Nimm", sagte er. „Es sind Datteln, Brot und Zucker drin. Damit kommst du zwei

L'Arabe prit le paquet et l'argent, mais il gardait ses mains pleines à hauteur de la poitrine, comme s'il ne savait que faire de ce qu'on lui donnait. « Regarde maintenant, dit l'instituteur, et il lui montrait la diredion de l'est, voilà la route de Tinguit. Tu as deux heures de marche. À Tinguit, il y a l'administration et la police. Ils t'attendent. » L'Arabe regardait vers l'est, retenant toujours contre lui le paquet et l'argent. Daru lui prit le bras et lui fit faire, sans douceur, un quart de tour vers le sud. Au pied de la hauteur où ils se trouvaient, on devinait un chemin à peine dessiné. « Ça, c'est la piste qui traverse le plateau. À un jour de marche d'ici, tu trouveras les pâturages et les premiers nomades. Ils t'accueilleront et t'abriteront, selon leur loi. » L'Arabe s'était retourné maintenant vers Daru et une sorte de panique se levait sur son visage : « Écoute », dit-il. Daru secoua la tête : « Non, tais-toi. Maintenant, je te laisse. » Il lui tourna le dos, fit deux grands pas dans la direction de l'école, regarda d'un air indécis l'Arabe immobile et repartit. Pendant quelques minutes, il n'entendit plus que son propre pas, sonore sur la terre froide, et il ne détourna pas la tête. Au bout d'un moment, pourtant, il se retourna. L'Arabe était toujours là, au bord de la colline, les bras pendants maintenant, et il regardait l'instituteur. Daru sentit sa gorge se nouer. Mais il jura d'impatience, fit un grand signe, et repartit. Il était déjà loin quand il s'arrêta de nouveau et regarda. Il n'y avait plus personne sur la colline.

Daru hésita. Le soleil était maintenant assez haut dans le

Tage durch. Und da hast du tausend Francs." Der Araber
nahm das Päckchen und das Geld, aber er hielt seine vollen
Hände auf Brusthöhe, als wisse er nicht, was er mit diesen
Gaben machen solle. „Jetzt pass auf", sagte der Lehrer und
zeigte nach Osten, „das ist der Weg nach Tinguit. Du hast
zwei Stunden zu gehen. In Tinguit befinden sich die Behörden und die Polizei. Sie erwarten dich." Der Araber
blickte nach Osten, er hielt Päckchen und Geld noch immer
an sich gedrückt. Daru fasste ihn am Arm und zwang ihn
unsanft zu einer Vierteldrehung nach Süden. Am Fuß der
Anhöhe, auf der sie standen, ahnte man einen sich kaum
abzeichnenden Weg. „Das ist der Pfad, der über die
Hochebene führt. In einem Tagesmarsch kommst du zu den
Weiden und den ersten Nomaden. Sie werden dich aufnehmen und nach ihrem Gesetz schützen." Der Araber hatte
sich jetzt Daru zugewandt, und eine Art panische Angst
zeichnete sich in seinem Gesicht ab. „Hör zu", sagte er.
Daru schüttelte den Kopf. „Nein, schweig. Ich gehe jetzt."
Er kehrte ihm den Rücken und machte zwei große Schritte
in Richtung auf die Schule, schaute noch einmal mit unent-
schlossener Miene den reglosen Araber an und ging dann
weiter. Ein paar Minuten lang hörte er nur seine eigenen, auf
der kalten Erde hallenden Schritte und wandte den Kopf
nicht um. Nach einer Weile jedoch drehte er sich um. Der
Araber stand immer noch am Rand der Anhöhe, jetzt mit
hängenden Armen, und blickte nach dem Lehrer. Daru fühlte, wie es ihm die Kehle zuschnürte. Aber er fluchte vor
Ungeduld, winkte weit ausholend und schritt weiter. Er war
schon weit entfernt, als er wieder stehen blieb und zurück-
sah. Es war niemand mehr auf dem Hügel.

Daru zögerte. Die Sonne stand jetzt ziemlich hoch und

ciel et commençait de lui dévorer le front. L'instituteur revint sur ses pas, d'abord un peu incertain, puis avec décision. Quand il parvint à la petite colline, il ruisselait de sueur. Il la gravit à toute allure et s'arrêta, essoufflé, sur le sommet. Les champs de roche, au sud, se dessinaient nettement sur le ciel bleu, mais sur la plaine, à l'est, une buée de chaleur montait déjà. Et dans cette brume légère, Daru, le cœur serré, découvrit l'Arabe qui cheminait lentement sur la route de la prison.

Un peu plus tard, planté devant la fenêtre de la salle de classe, l'instituteur regardait sans la voir la jeune lumière bondir des hauteurs du ciel sur toute la surface du plateau. Derrière lui, sur le tableau noir, entre les méandres des fleuves français s'étalait, tracée à la craie par une main malhabile, l'inscription qu'il venait de lire : « Tu as livré notre frère. Tu paieras. » Daru regardait le ciel, le plateau et, au delà, les terres invisibles qui s'étendaient jusqu'à la mer. Dans ce vaste pays qu'il avait tant aimé, il était seul.

Albert CAMUS, *L'hôte*, extrait de *L'exil et le royaume*
© Editions GALLIMARD

begann ihm die Stirn zu zersprengen. Der Lehrer ging den Weg zurück, zuerst etwas unschlüssig, dann voll Entschiedenheit. Als er die kleine Anhöhe erreichte, rann ihm der Schweiß herab. Er stieg in größter Hast hinauf und blieb atemlos oben stehen. Die Felsenfelder im Süden zeichneten sich deutlich am blauen Himmel ab, aber über der Ebene im Osten stieg schon ein Hitzeschleier auf. Und in diesem leichten Dunst entdeckte Daru mit beklommenem Herzen den Araber, der langsam dahinwanderte auf dem Weg zum Gefängnis.

Bald darauf stand der Lehrer am Fenster des Klassenzimmers und starrte in das junge Licht hinaus, das von den Höhen des Himmels auf die ganze Fläche der Hochebene herabstürzte. Hinter ihm auf der schwarzen Tafel, zwischen den Windungen der Ströme Frankreichs, breiteten sich die von ungeschickter Hand mit Kreide gezogenen Worte aus, die er eben gelesen hatte: „Du hast unseren Bruder ausgeliefert. Das wirst du büßen." Daru betrachtete den Himmel, die Hochebene und die dahinter unsichtbaren Gebiete, die sich bis zum Meer erstreckten. In diesem weiten Land, das er so sehr geliebt hatte, war er allein.

Gisèle Prassinos

Le Château Rouge

Das Rote Schloss

GISÈLE PRASSINOS

LE CHÂTEAU ROUGE

La mer était un long et étroit socle de lait vert où reposait le ciel. Un ciel plein de fantaisie, avec des trou-
ées sur sa chair vive et une grande variété de nuages que le
vent et la pluie de cette journée avaient modelés et lavés
pendant des heures. A ce moment du soir, tout était léger,
frais, mais curieusement immobile, figé plutôt, comme dans
la paralysie d'une minute de frayeur. Tout était désert aussi,
mais il n'y avait là rien qui pût étonner.

Du côté de la terre, après la route et s'élevant paresseu-
sement, des collines courtes ondulaient sur plusieurs plans,
certaines crêpées d'arbustes, d'autres nues. L'une des dernières portait le Château rouge, une construction ancienne
dont il ne restait qu'un haut pan de mur ajouré de fenêtres,
si fragile d'apparence qu'il donnait toujours l'impression
d'amorcer sa chute. Depuis la route du bord de mer, des sentiers conduisaient à la ruine, tracés par les pas des milliers
de couples qui sont allés, comme la tradition le veut, consa-
crer leur union au Château. Mais il semble que chacun, sou-
cieux de paraître suivre la coutume avec désinvolture, ait
voulu ouvrir son propre chemin sur la terre vierge, car les
voies sont innombrables qui vont, les unes tortueuses, les
autres droites, d'autres encore, brusquement interrompues.

La route jusque-là sans vie, s'anima d'un point tremblant
dans le lointain. Encore quelques minutes et il se changeait
en véhicule à voile, puis plus tard, en une bicyclette sur-

GISÈLE PRASSINOS

DAS ROTE SCHLOSS

Das Meer war ein langer, schmaler Wall aus grüner Milch, und darauf ruhte der Himmel. Ein phantastischer Himmel mit Löchern in der bewegten Haut und einer Fülle von Wolken, die Wind und Regen dieses Tages stundenlang geformt und gewaschen hatten. Jetzt aber, zur Abendstunde, war alles zart und ausgeruht, doch seltsam regungslos, ja sogar wie in einer Minute des Grauens erstarrt. Aber es gab nichts Auffallendes, alles lag verlassen.

Jenseits der Straße wellten sich auf der Landseite, gemächlich ansteigend, einer hinter dem anderen, kleine Hügel, die einen von Büschen gekräuselt, die anderen kahl. Auf einem der höchsten stand das Rote Schloss, ein altes Bauwerk, von dem nur noch eine hohe Mauer mit Fensterhöhlen übrig war, die so brüchig aussah, dass man glaubte, sie müsse jederzeit einstürzen. Von der Küstenstraße führten Wiesenpfade zu der Ruine hinauf. Sie waren unter den Tritten der vielen tausend Paare entstanden, die einer alten Sitte folgend kamen, um ihren Bund auf dem Schloss zu weihen. Da aber alle gefürchtet haben mochten, dem Brauch zu ungeniert zu folgen, hatte sich jeder seinen eigenen Weg auf jungfräulichem Boden bahnen wollen; denn es gibt dort ungezählte Pfade, die einen gewunden, die anderen gerade, wieder andere jäh abbrechend.

Die Straße, bis jetzt wie ausgestorben, belebte sich, ganz in der Ferne erschien ein zitternder Punkt. Ein paar Minuten, und er verwandelte sich in ein Gefährt mit Segel,

montée d'un corps épais, mi-jeune homme, mi-jeune fille, à la robe parsemée de marguerites.

La voile s'expliqua bientôt car la jeune fille portait sur la tête un grand fichu blanc que le seul vent de la course faisait claquer.

L'ensemble allait passer et laisser à nouveau le paysage désolé, quand, commandée par un brusque coup de frein, la bicyclette s'arrêta et tomba sur le côté, après que ses cavaliers, s'étant d'un bond détachés d'elle, furent se jeter ailleurs, enlacés sur le sable.

Soudés l'un à l'autre, ils se taisaient, visage contre visage. De temps en temps, le garçon levait le sien, regardait la fille de ce regard court particulier aux amants, souriait, lui baisait le nez, les yeux, la bouche, puis reposait la tête. Ainsi rompaient-ils à peine la paralysie, à peine le silence.

— Allons, fit le jeune homme au bout d'un moment, il faut y arriver avant la nuit.

Et il s'écarta de la fille.

La fille dit seulement « oui », mais sans bouger. Les marguerites de sa robe étaient les seules fleurs en ce lieu. Tout contre son flanc, sur le sable, se trouvait un sac de paille blanc et rond. Elle avait les joues colorées, les yeux clairs et une mèche de ses cheveux noirs qui passait hors du fichu, demeurait bien tranquille sur son front.

— Allons, répéta le jeune homme avec l'intonation douce et ferme qu'on prend pour encourager les enfants à obéir.

Il sourit et ses dents apparurent, petites, blanches, aiguës,

später dann in ein Fahrrad, über dem ein massiger Körper, halb junger Mann, halb junges Mädchen in einem mit Margeriten besäten Kleid, aufragte.

Das Segel erklärte sich bald, denn das junge Mädchen hatte ein großes helles Tuch um den Kopf, das im Fahrtwind flatterte.

Das Ganze würde gleich vorüber sein und die Landschaft wieder einsam hinter sich zurücklassen; da wurde das Fahrrad plötzlich scharf gebremst, hielt an und kippte auf die Seite, nachdem seine Fahrer abgesprungen waren und sich einfach, fest umschlungen, in den Sand geworfen hatten.

Einer an den anderen geschmiegt, Gesicht an Gesicht, schwiegen sie. Von Zeit zu Zeit hob der Junge den Kopf, sah das Mädchen mit dem schnellen Blick an, der Verliebten eigen ist, lächelte, küsste ihr die Nase, die Augen, den Mund, dann ließ er den Kopf wieder fallen. So durchbrachen sie kaum die Erstarrung, die Stille.

„Gehen wir", sagte der junge Mann gleich darauf, „wir müssen vor Einbruch der Dunkelheit dort sein."

Und er löste sich von dem Mädchen.

Sie sagte nur „ja", rührte sich aber nicht. Die Margeriten auf ihrem Kleid waren die einzigen Blumen an diesem Ort. Ein rundes, weißes Strohkörbchen stand neben ihr im Sand. Sie hatte rote Wangen, glänzende Augen, und eine Locke ihres schwarzen Haares, die unter dem Kopftuch hervorkam, lag friedlich auf ihrer Stirn.

„Gehen wir", wiederholte der junge Mann in dem sanften und bestimmten Ton, mit dem Kinder zum Gehorsam ermuntert werden.

Er lächelte, und seine Zähne kamen zum Vorschein, klein,

monotones.

— Oui, dit-elle de nouveau, mais sans la moindre hâte, se demandant si elle n'avait pas un peu peur de ces dents-là.

Puis elle ramassa le sac de paille blanc et suivit son compagnon.

C'est alors que s'éleva un souffle de vent. Quelques nuages se mirent en marche, la mer murmura des vagues minuscules et là-bas, sur les restes du Château rouge, coula une lueur plus vive, comme sur des joues humaines un afflux de plaisir.

Arrivé près de la bicyclette, le garçon se retourna, attira la fille à lui, l'étreignit longuement puis l'enleva dans ses bras et la ramena sur la plage à l'endroit même qu'ils venaient de quitter.

Le sac de paille blanc et rond retomba sur le sable.

— Voilà soixante-quatre jours que nous nous sommes quittés... murmura le jeune homme en s'écartant légèrement. Tu avais compté, toi ?

— Oui, fit l'autre.

Il la serra passionnément contre lui, puis un peu inquiet :

— Tu me laisseras étudier? demanda-t-il. Il faut que je travaille, il faut que...

Il avait mis une énorme volonté dans cette dernière phrase, une sorte de rage même, et elle ne le laissa pas terminer de peur de trop souffrir.

— Oui, dit-elle simplement en regardant le ciel qui avait repris son attente, semblable au-dessus d'elle à un somptueux bas-relief.

Quelques secondes plus tard, tout en contournant pensivement du doigt le dessin d'une fleur sur le sein de la jeune

weiß, spitz, gleichmäßig.

„Ja", sagte sie wieder, aber in aller Ruhe, und fragte sich, ob sie nicht etwas Angst vor diesen Zähnen hätte.

Dann ergriff sie den weißen Strohkorb und folgte ihrem Gefährten.

In diesem Augenblick erhob sich ein Wind. Wolken setzten sich in Bewegung, das Meer plätscherte leise, und über die Ruine des Roten Schlosses dort oben lief ein Leuchten, das lebendiger war als eine Welle der Freude auf einem menschlichen Gesicht.

Als sie wieder neben dem Fahrrad standen, wandte sich der Junge um, zog das Mädchen an sich, umarmte es lange, dann hob er es hoch und trug es zu demselben Platz am Strand zurück, den sie gerade verlassen hatten.

Der weiße, runde Strohkorb fiel wieder in den Sand.

„Vierundsechzig Tage sind wir nun getrennt gewesen ...", flüsterte der junge Mann und beugte sich ein wenig zurück. „Und du, hast du sie gezählt?"

„Ja", sagte sie.

Er presste sie leidenschaftlich an sich, dann fragte er etwas unsicher:

„Du wirst mich doch studieren lassen? Ich muss arbeiten, ich muss ..."

Er hatte eine ungeheure Entschlossenheit in diesen letzten Satz gelegt, ja sogar Wut, und sie ließ ihn nicht weitersprechen aus Angst, zu sehr leiden zu müssen.

„Ja", sagte sie einfach und sah in den Himmel hinauf, der nun wieder abwartend über ihr stand, wie ein prunkvolles Hochrelief.

Ein paar Sekunden später versprach er, während er mit dem Daumen nachdenklich das Muster einer Margerite auf

fille, il promettait :

— Peut-être, la semaine prochaine, ferons-nous une autre promenade...

Et comme elle n'acquiesçait pas, il parla d'autre chose.

— Là-bas, dit-il, les gens vont à leur bureau en patins à glace, l'hiver. Ils glissent le long des canaux avec leurs paniers et leurs serviettes de cuir, on dirait qu'ils dansent.

— Oui? fit-elle, sur un ton faiblement interrogatif.

— Un jour, peut-être, continua le garçon, irai-je m'établir dans ce pays, pas définitivement, les canaux ça n'est pas sérieux, deux ou trois ans suffiront pour me perfectionner.

— Bien sûr, dit la fille.

— Ou bien dans l'autre, celui que j'ai visité la dernière fois. Il y a des possibilités innombrables dans ce coin.

— Ou bien dans l'autre, répéta la fille d'une voix sans couleur.

— Et puis, où que je m'établisse — c'est impossible de le préciser dès maintenant, je visiterai tant de nouveaux pays — je posséderai une grosse voiture, j'aurai une caméra et le samedi, je choisirai pour passer la soirée, le meilleur concert dans les programmes de la ville.

La fille n'eut pas le temps d'approuver. Il la serrait si fort dans ses bras qu'elle ne respirait plus, se demandant si c'était bien elle qu'il pensait étreindre ainsi, ou bien sa joie : la grosse voiture, la caméra et le poste de télévision qu'il ne manquerait pas de désirer pour son intérieur futur.

der Brust des jungen Mädchens nachzog:

„Vielleicht machen wir nächste Woche wieder eine Spazierfahrt…"

Und als sie nicht darauf einging, redete er von etwas anderem.

„Da unten", sagte er, „laufen die Leute im Winter auf Schlittschuhen ins Büro. Sie gleiten mit ihren Körben und ledernen Aktentaschen die Kanäle entlang, es sieht aus, als ob sie tanzten."

„So?" sagte sie leicht fragend.

„Eines Tages werde ich mich vielleicht in dieser Gegend niederlassen", fuhr der Junge fort, „nicht endgültig, die Kanäle sind nichts für die Dauer, zwei oder drei Jahre werden genügen, damit ich mich weiterbilde."

„Bestimmt", sagte das Mädchen.

„Oder auch dort, wo ich letztes Mal war. In dieser Ecke gibt es ungezählte Möglichkeiten."

„Oder auch dort", wiederholte das Mädchen mit tonloser Stimme.

„Und dann werde ich, gleich wo ich mich niederlasse – es ist unmöglich, das jetzt schon genau festzulegen, ich werde so viele fremde Länder bereisen – ein großes Auto besitzen, ich werde eine Filmkamera haben, und Samstag abends werde ich in das beste Konzert gehen, das die Stadt zu bieten hat."

Das Mädchen kam nicht dazu, ihm beizupflichten. Er nahm sie so fest in seine Arme, dass sie kaum noch atmen konnte und sich fragte, ob er wohl sie mit seiner stürmischen Umarmung meinte, oder aber seine eigene Freude, das große Auto, die Kamera und das Fernsehgerät, das er bestimmt auch für sein zukünftiges Heim ersehnte. Hatte er

Prévoyait-il seulement un coussin, une chaise de cuisine pour elle?

— Attends, fit-elle en se dégageant, j'ai quelque chose pour toi.

Elle fouilla dans le sac de paille rond et en retira un porte-cigarette tout brillant qu'elle tendit au jeune homme.

— Encore pour moi? dit-il joyeux. Depuis ce matin, c'est le deuxième cadeau que tu me donnes.

— Oui, celui-ci je te l'ai fait quand tu étais absent.

Alors, il l'embrassa encore, disant : « Voici mon cadeau à moi », et comme il la sentait un peu raide et froide sous lui :

— Je crois que tu es triste, fit-il.

A quoi elle répondit :

— C'est le soir, je n'aime que ce qui commence.

Il avait la tête pleines d'idées. Il parla longtemps encore sans jamais comprendre qu'il était seul. D'ailleurs, cela ne l'eût pas arrêté, il n'avait jamais souffert de solitude.

Quand elle fouilla dans son sac la seconde fois, ce fut pour en sortir un briquet doré où, sur un des méplats, on pouvait reconnaître, finement gravées, les initiales du jeune homme.

Il battit des mains, éclata de rire, bredouilla, fit jaillir une flamme qui fléchit lentement dans l'air inquiet et s'écria, émerveillé :

— Comme tu m'aimes !

Alors, il y eut un silence, pendant lequel la fille sentit son cœur croître monstrueusement.

Bientôt remise, elle s'assit et fouilla de nouveau dans son sac de paille.

— Tu ne vas pas me dire, fit le garçon, que tu as encore

für sie auch nur ein Kissen, einen Küchenstuhl vorgesehen?

„Warte", sagte sie, indem sie sich von ihm befreite, „ich habe etwas für dich."

Sie kramte in dem runden Strohkörbchen und zog eine glänzende Zigarettenspitze daraus hervor, die sie dem jungen Mann hinhielt.

„Auch für mich?" sagte er fröhlich. „Das ist das zweite Geschenk, das ich seit heute morgen von dir bekomme."

„Ja, dieses hier habe ich dir gemacht, als du fort warst."

Dann umarmte er sie wieder und sagte: „Hier, das schenke ich mir", und als er sie etwas starr und kalt unter sich spürte, sagte er:

„Ich glaube, du bist traurig."

Darauf antwortete sie:

„Das ist der Abend, ich mag nur, was beginnt."

Sein Kopf steckte voller Pläne. Er sprach noch lange, ohne zu begreifen, dass er allein war. Außerdem hätte ihn das nicht zum Schweigen gebracht, er hatte noch nie unter Einsamkeit gelitten.

Sie suchte ein zweites Mal in ihrem Korb, diesmal holte sie ein goldenes Feuerzeug heraus, das auf einer Seite, fein graviert, die Initialen des jungen Mannes zeigte.

Er klatschte in die Hände, lachte laut auf, stammelte etwas, ließ eine Flamme hochspringen, die sich langsam in der unruhigen Luft bewegte, und rief entzückt:

„Wie sehr du mich liebst!"

Dann trat eine Stille ein, und das Mädchen spürte, wie ihm das Herz furchtbar anschwoll.

Sie fasste sich schnell, setzte sich auf und wühlte wieder in ihrem Strohkorb.

„Du willst mir doch nicht erzählen, dass du noch etwas

quelque chose pour moi?

Ses dents, un instant, resplendirent entre les lèvres souriantes. Il plaisantait. Et il se leva pour aller mettre debout la bicyclette.

Mais déjà, elle tenait le gros revolver au bout de ses deux bras tendus. Était-ce l'effort, la peur, la colère? Son visage paraissait maintenant minuscule et gris au milieu du linge pur qui entourait sa tête. Les marguerites de sa robe étaient du plus beau jaune.

Le coup partit. Un spasme déchira le ciel dont les troupeaux prirent la fuite.

Le garçon qui se tenait le dos tourné, la main gauche sur le guidon de la bicyclette, la droite sur la selle, lâcha d'abord l'un, puis l'autre. La machine tomba, il eut un geste pour la reprendre, puis les bras en avant, lentement, très lentement, comme s'il visait un point précis, il s'écroula sur elle.

Ensuite, le vent se remit à souffler et un peu plus tard des vagues vinrent chuchoter sur la plage déserte, tandis que la nuit descendait enfin.

Gisèle PRASSINOS, *Le château rouge*, extrait de *Le cavalier*
© PLON Editions

für mich hast?" sagte der Junge.

Er lächelte, und sie sah einen Augenblick seine Zähne blitzen. Er neckte sie; und er stand auf, um das Fahrrad aufzurichten.

Aber schon hielt sie den großen Revolver in ihren ausgestreckten Armen. War es die Anstrengung, die Angst, der Zorn? Ihr Gesicht, umrahmt von dem hellen Tuch, wirkte jetzt winzig und grau. Die Margeriten auf ihrem Kleid waren von dem schönsten Gelb.

Der Schuss ging los. Ein Zucken lief über den Himmel, und die Wolkenherden ergriffen die Flucht.

Der Junge, der mit abgewandtem Rücken dastand, die linke Hand auf der Lenkstange, die rechte auf dem Sattel des Rades, ließ beides nacheinander los. Das Fahrrad fiel um, er machte eine Bewegung, um es wieder aufzuheben, dann streckte er die Arme vor und brach langsam, sehr langsam, als ob er einen bestimmten Punkt ins Auge fasste, über ihm zusammen.

Danach fing der Wind wieder an zu blasen, und ein wenig später murmelten die Wellen auf dem verlassenen Strand, während sich endlich die Nacht herabsenkte.

ZU DEN AUTOREN

Auf dem knapp bemessenen Platz können nur einige Hinweise zu unseren Autorinnen und Autoren gegeben werden, wobei deren Schaffen im Bereich der Erzählung und Kurzgeschichte besonders berücksichtigt wird.

LOUIS ARAGON
(1897 Paris – 1982 Paris)

Zusammen mit Breton und Soupault Wortführer des literarischen Surrealismus: *Anicet ou le panorama* (1921, dt. Anicet oder das Panorama); *Le Libertinage* (1924); *Le paysan de Paris* (1926, dt. Der Bauer von Paris / Pariser Landleben). Gegen Ende der Zwanziger Jahre wandte sich Aragon zusammen mit seiner Frau Elsa Triolet dem Kommunismus zu; umfassende Romane von *Les cloches de Bâle* (1934, dt. Die Glocken von Basel) bis *La semaine sainte* (1958, dt. Die Karwoche). Lyrik, z. B. *Le creve-cœur* (1940), *Les yeux d'Elsa* (1942). Von 1942 bis 1972 Mitherausgeber der Zeitschrift *Les Lettres Françaises*. Während des 2. Weltkriegs war Aragon in der französischen Widerstandsbewegung (Résistance) tätig. Er leitete das *Comité National des Écrivains* in der Südzone. Aus dieser Zeit stammt *Servitude et grandeur des Français* (1945, dt. Das römische Recht gilt nicht mehr), eine Sammlung von sieben Erzählungen, darunter *Le mouton*, dt. Der Spitzel. Die Geschichten lassen den unmittelbaren Eindruck der zeitgenössischen Erfahrung spüren. Andere Erzählungen Aragons wurden später im Band *Le mentir-vrai* (1980, dt. Das Wahr-Lügen) gesammelt.

MARCEL AYMÉ
(1902 Joigny/Burgund – 1967 Paris)

Nach kurzem Medizinstudium arbeitete Aymé in verschiedenen Berufen. Seit 1926 schrieb er Romane und Erzählungen. Der Roman *La jument verte* (1933, dt. Die grüne Stute), eine unverblümte Darstellung des Landlebens, sicherte ihm Erfolg weit über Frankreich hinaus.
In seinen Sammlungen von Erzählungen *Les contes du chat perché* (1934), *Le passe-muraille* (1943) und *En arrière* (1951) zeigt sich Aymés

Neigung zum Unwirklich-Phantastischen, auch Grotesken und Skurrilen. Oft mündet die konsequente Logik im Absurden. In anderen Geschichten greift er mit satirischem Witz soziale und politische Missstände an. Ein Teil seiner Geschichten ist in folgenden Auswahlbänden auf deutsch erschienen: Der Bilderbrunnen (1963), Der Zwerg (1963), Ein Mann geht durch die Wand (1969), Meistererzählungen (1989).

Conte du milieu erschien zuerst 1949 in einer bibliophilen Ausgabe als *Porte Saint-Martin*.

ALBERT CAMUS
(1913 Mondovi, Algerien – 1960 Villeblevin nach einem Autounfall)

Camus hatte mit Romanen wie *L'étranger* (1942, dt. Der Fremde), *La peste* (1947, dt. Die Pest), *La chute* (1956, dt. Der Fall), Dramen wie *Caligula* (1944), *L'état de siège* (1948, Der Belagerungszustand), *Les justes* (1950, dt. Die Gerechten) und Essays wie *Le mythe de Sisyphe* (1942, dt. Der Mythos von Sisyphos) und *L'homme revolté* (1951, dt. Der Mensch in der Revolte) bereits den größten Teil seiner wichtigen Werke geschaffen, als er zum ersten Mal kürzere Erzählungen oder Novellen schrieb:
L'exile et le royaume (1957, dt. Das Exil und das Reich) sollte bis zu seinem frühen Tod seine einzige Sammlung von Erzählungen bleiben. Die darin enthaltene Geschichte *L'hôte* (Der Gast) ist exemplarisch für Camus' Leben und sein tragisches Dilemma, zugleich Algerier und Franzose zu sein und in der Zeit zu leben, als Algerien seine Unabhängigkeit erkämpfte.

EUGÈNE IONESCO
(1912 Slatina, Rumänien – 1994 Paris)

Kam schon als Kind nach Paris, studierte dann in Bukarest und lebte ab 1938 wieder ständig in Frankreich. Seine meist einaktigen Anti-Stücke ab 1950 (s. Anm. S. 170) haben keine Handlung oder Entwicklung, keinen fassbaren Sinn, sondern produzieren Gemeinplätze oder Sprachfragmente. In den späteren mehraktigen Stücken wie Mörder ohne Bezahlung, Nashörner, Der König stirbt verteidigt I. positive Werte in der von Vermassung und Verrohung bedrohten Welt.

Mehrere zwischen 1952 und 1960 geschriebene *récits* (Erzählungen), die 1962 im Band *La photo du colonel* erschienen, hat I. zu Theaterstücken verarbeitet, wie z. B. *Oriflamme* zu *Amédée ou comment s'en debarrasser* (dt. Amédée oder wie wird man ihn los) und die Titelgeschichte zu *Tueur sans gages* (dt. Mörder ohne Bezahlung). Die Geschichten *Le piéton de l'air* (dt. Fußgänger der Luft), *Une victime du devoir* (dt. Ein Opfer der Pflicht) und *Rhinocéros* (Die Nashörner) wurden zu gleichnamigen Dramen.

GISÈLE PRASSINOS
(geb. 1920 in Konstantinopel)

Von griechischer Abstammung. A. Breton und P. Eluard entdeckten und förderten die Gedichte der frühreifen Lyrikerin. Später schrieb P. Romane und Erzählungen: *Le rêve* (1945), *La voyageuse* (1959, dt. Die Abreise), *Le cavalier* (1961, Erzählungen, dt. Der Mann mit den Fragen), *Le visage effleuré de peine* (1964).

JEAN-PAUL SARTRE
(1905 Paris – 1980 Paris)

Studierte an der École Normale Supérieure, wurde Philosophielehrer in Le Havre; Studium der Philosophie Husserls und Heideggers in Berlin. Schrieb 1938 seinen ersten Roman *La nausée* (dt. Der Ekel).
Die Novellensammlung *Le mur* (dt. Die Mauer) entstand 1937 – 1939 und umfasst außer der Titelnovelle noch vier weitere. Trotz der guten Aufnahme blieben diese Erzählungen die einzigen Sartres, der sich von nun an umfangreichen Werken widmete: Es entstanden unter anderem das philosophische Hauptwerk *L'être et le néant* (1943, dt. Das Sein und das Nichts); die Theaterstücke *Les mouches* (1943, dt. Die Fliegen), *Huis clos* (1945, dt. Bei geschlossenen Türen), *La putain respectueuse* (1946, dt. Die ehrbare Dirne), *Le diable et le bon Dieu* (1951, dt. Der Teufel und der liebe Gott); der Roman-Zyklus *Les chemins de la liberté* (1945 –1949, dt. Die Wege der Freiheit); die Flaubert-Studie *L'idiot de la famille* (1971, dt. Der Idiot der Familie).

MARGUERITE **YOURCENAR**
(1903 Brüssel – 1987 Mount Desert Island, Maine, U.S.A.)

Aus belgisch-französischer Familie. Y. studierte in Frankreich und England und machte weite Reisen in Europa, Amerika und dem Vorderen Orient. Schrieb psychologisch bestimmte historische Romane, z.B. *Mémoires d'Hadrien* (1951, dt. Ich zähmte die Wölfin). In ihren *Nouvelles Orientales* (1938, erweitert 1963, dt. Orientalische Erzählungen) fasst sie den geographischen Begriff vom Balkan über Griechenland und den nahen Osten bis China.

Weitere Romane Y.s sind: *Le coup de grâce* (1939, dt. Der Fangschuss), *L'œuvre au noir* (1968, dt. Die schwarze Flamme).

Yourcenar wurde 1980 als erste Frau in die Académie française gewählt.

- -

Die deutschen Fassungen der hier versammelten Erzählungen stützen sich auf folgende Übertragungen:

SARTRE, Die Mauer, in der Zs. *Maß und Wert*, 2, 1938/39, dt. von -mm.

YOURCENAR, Die Witwe Aphrodisia, in: Orientalische Erzählungen, Insel, Frankfurt/M., 1964, dt. von Anneliese Botond.

AYMÉ, Ein Märchen aus dem Milieu, in: Der Zwerg, Kiepenheuer & Witsch, Köln, 1963, dt. von Marlies Pörtner.

ARAGON, Der Spitzel, in: Das römische Recht gilt nicht mehr, Globus, Wien, 1947, dt. von Hugo Kaudelka und Ernst Beer.

IONESCO, Nashörner, in: Die Nashörner, Die Arche, Zürich, 1960, dt. von Christoph Schwerin.

CAMUS, Der Gast, in: Das Exil und das Reich, Rowohlt, Hamburg, 1958, dt. von Guido G. Meister.

PRASSINOS, Das Rote Schloss, in: Der Mann mit den Fragen, Hanser, München, 1963, dt. von Marie-Luise Gerok.

Die im Interesse gefälliger Flüssigkeit in manchem freieren Übersetzungen eignen sich für eine zweisprachige Parallel-Ausgabe nicht immer. Die deutschen Übersetzungen dieser Ausgabe möchten sich ziemlich genau an den Originaltext halten. Dennoch verdanken sie den früheren Übertragungen und deren geglückten Formulierungen viel. Der Yourcenar- und Aymé-Text blieb fast unverändert.

Der Herausgeber

Wer doppelt liest, wird klüger!

In derselben Reihe sind bereits erschienen:

Inhalt:
Amy Foster
Ein Vorposten des Fortschritts
Jugend
Il Conde

Inhalt:
Ligeia
Der Fall des Hauses Usher
Eine Abfahrt in den
 Maelström
Die Grube und das Pendel
Morella
Manuskript in einer Flasche
Die Maske des Roten
 Todes
Das verräterische Herz
Die Tatsachen im Fall
 Valdemar

Inhalt:
Der seltsame Fall des
 Dr. Jekyll und Mr. Hyde
Der Leichenräuber
Markheim

Inhalt:
Tamango
Die etruskische Vase
Die Venus von Ille
Arsène Guillot

Gebunden, illustriert, 285 Seiten, € 19,40

Wer doppelt liest, wird klüger!

Gleichzeitig sind erschienen:

Inhalt:

Alices Abenteuer im Wunderland

(Deutsch und Englisch)

Inhalt:

A. Muñoz Molina, Die Getriebene
Q. Monzó, Die Dame in Lachs
J. M. Merino, Celina und NELIMA
J.J. Millás, Etwas vermissen
L. M. Díez, Glut im August
S. Puértolas, Der Erfinder des
  Tetrapak
C. Santos, Seriöser Zauberer sucht
  junge Dame, Single, für Show
M. Gistaín, Zum lezten Mal
  oben ohne
A. Cerezales, Inés Pereira
M. Mayoral, Da begann er zu
  vergessen

(Deutsch und Spanisch)

Gebunden, illustriert, 271 Seiten, € 15,90